De Terres Rouges & D'Herbe Rare   - Tennis Regards -

Pierre-Jean Verne

De Terres Rouges
&
D'Herbe Rare
- Tennis Regards -

© 2024 Pierre-Jean Verne
Édition : BoD · Books on Demand, 31 avenue Saint-Rémy,
57600 Forbach, bod@bod.fr
Impression : Libri Plureos GmbH, Friedensallee 273,
22763 Hamburg (Allemagne)

ISBN : 978-2-3225-5766-0
Dépôt légal : Décembre 2024

Illustration 1ère de couverture générée par IA

To Marg, Gi-Gi, and Ad

L'instinct est par définition irréfléchi. Mais il serait intéressant de déterminer si, chez les hommes dotés du pouvoir de réflexion, les impulsions mécaniques de l'instinct ne sont pas affectées par le mode de pensée.

Joseph CONRAD, *Le duel*

Félins aux dents de sabre, renard maliçant, le geai s'échappe d'un cri, le corbeau menace, castors besogneux, le guépard vitesse, aurochs au combat, dauphins-marteaux, toutes espèces animales ayant constitué dans les temps primitifs les racines du champion de tennis 8-en-1.

PROLOGUE

Middlesex, printemps 1531. Inlassable, la pluie de pleine campagne, pilier civilisationnel du royaume d'Angleterre, gâche la fête de la Renaissance. Au palais de Hampton Court, sous les lambris ocre du court de tennis, le Tudor Henry VIII échange balles et civilités avec ses partenaires du jour, tandis qu'une brochette de courtisanes alanguies leur dispense harangues et regards concupiscents, mâchouillant de concert des poignées d'amandes crues.

Les paris vont bon train, d'un sourire pincé des bourses changent de main, les rivaux du jour amusent la galerie, cris de joie et vivats célèbrent les coups victorieux du roi, honneur aux vaincus, des pages empressés gardent aux aiguières un *claret* rafraîchi, *Pastyme with good companye*[1], on y passe l'après-midi.

Cinq siècles en aval, quelque part en Médiatrie.

On est au milieu du futur, en zone de questionnement, les récepteurs multi-tâches-série 4 assument leur mission dominicale, saturent l'écran 110/80 de pixels bondissants, nous diffusent le tennis match en gladiature re-lookée. Disséminés au gré de cinq continents les fans observent, ventre tendu, l'aréna surchauffée où deux athlètes ferraillent, crient comme des bêtes à la frappe,

---

[1] Balade composée par Henry VIII jeune homme (v.1513).
Partie d'un recueil regroupant plusieurs de ses compositions. Manuscrit conservé à la British Library.

les balles circulent en excès de vitesse, les poings se crispent, vengeurs ou conquérants ; dans les *boxs*, sueurs acides au front, verres fumés et maxillaires en capilotade, les *clans* émettent des signes cabalistiques, éructent des *C'mon* éraillés, à l'unisson exhibent leurs avant-bras en mode phallique.

Des temps anciens persistent les règles, mais par-dessus tout survit la coutume du fairplay — le *sportsmanship* des Anglais — dernière frontière de la morale coutumière. Certains, en secret, aimeraient le voir disparaitre, ou tout au moins réduit à l'essentiel, toléré par le règlement sous condition qu'il ne gâte pas le spectacle, à l'exemple d'autres sports retransmis où l'on a compris depuis longtemps que la mise en scène de l'infraction au jeu franc et loyal — rebaptisée *geste technique* pour l'occasion — pouvait rapporter gros. Dans le tennis, ça semble exclu, pour l'instant, pour toujours peut-être, depuis un demi millénaire les pratiquants du jeu se transmettent cette tradition sacrée d'une génération l'autre, sur le court, sans un mot, sans une explication, par la geste de l'exemple[2].

---

[2] Dans l'un des premiers guides du jeu (c.1553) on peut lire (*in* site en ligne du club Royal Tennis Court, Hampton Court Palace):"*This game has been created for a good purpose, namely, to keep our bodies healthy, to make our young men stronger and more robust, chasing idleness, virtue's mortal enemy, far from them and thus making them of a stronger and more excellent nature.*" Trad. libre : "*Ce jeu a été créé dans un but vertueux, nommément pour garder nos corps en bonne santé, rendre nos jeunes hommes plus allants et plus robustes afin qu'ils repoussent au loin l'indolence – ennemie mortelle de la vertu – et qu'ils deviennent ainsi d'une nature plus vaillante et accomplie.*"

L'extension de l'appétence pour des affrontements sportifs toujours plus âpres, pour des combats d'*amphiteatrum* à l'issue desquels l'un doit mordre la poussière, et l'autre célébrer la victoire sous les cris de supporters en transe, entraine la notion de rivalité sportive vers des rives de sable noir où, si l'on y prend garde, elle finira par s'échouer.

Les records du monde ont vécu, les performances dans la matière de la confrontation athlétique voisinent en nanosecondes, touchent aux limites de ce que la race humaine, dans sa configuration post-Armstrongienne, parvient à produire avec l'aide de son seul corps.

Ne reste que la numération des effectifs, au bas des podiums, en lauriers de pacotille.

Quant à lui le jeu de tennis version *mano a mano* entretient sa part de mystère, certains échanges forcent nos perceptions roturières de l'espace et du temps, péripéties et coups de théâtre s'enchaînent jusqu'au cœur de la nuit, des champions trébuchent, quelques maraudeurs viennent défier les *top-10*, un public d'aficionados demeure assidu, année après année, qu'il soit soumis au soleil brulant des tribunes ou rassemblé devant les écrans polymorphes des industriels du *cervisia et circenses*.

ARCHÉOLOGIE

Les coups du tennis ne sont pas des armes de guerre manipulées par des soldats de fortune. Il est question d'un vocabulaire raffiné, d'un champ lexical aux racines fort anciennes, permettant à deux athlètes d'installer une conversation d'érudits, à la nuance près que chacun possède sa propre syntaxe et que l'un d'entre eux, à court d'arguments, mettra fin à la causerie en concédant la victoire à son contradicteur du jour.

Service (*Au service du*)

Le mouvement du bras permettant de lancer un objet devant soi constitue sans doute, avec la bipédie et les divers procédés de la reproduction, l'un des mécanismes les plus anciens que nous ait fourni l'évolution afin de mener à bien notre soif de conquêtes.

Également utilisé pour tuer le temps les après-midi d'été au bord d'une rivière ombragée, à l'aide de petits galets multicolores abandonnés là par l'érosion, le geste du lancer révèle notre part futile, faite de rêves et de souvenirs, mais aussi accablée par la paresse, quelquefois percluse de sombres pensées au fil d'une eau purpurine.

Pour un bambin la chose est plus simple, nul besoin d'exemple ou d'apprentissage, l'instinct qui le pousse à projeter au sol, depuis sa chaise, un jouet neuf, relève de l'exploration du monde qui l'entoure.

Employé à cru dans les sports de lancer, ce geste de l'épaule et du bras donne à la raquette de tennis qui va servir les moyens de ses ambitions. Néanmoins le service, malgré l'ancienneté génétique de sa matrice, possède la réputation d'être le coup le plus difficile à réaliser techniquement, ce qui est paradoxal si l'on considère qu'il est délivré à l'arrêt, après avoir bénéficié d'une quinzaine de secondes ayant permis à l'exécutant, en principe, de regrouper ses ressources.

Dans la rédaction du tennis le service tient lieu d'introduction, mais peut aussi, idéalement dirait-on, s'imposer comme conclusion, c'est l'*ace* — figure de style très en vogue en Croatie — un épilogue avant la lettre en bref, une manière d'éviter toute discussion épineuse. Cette dichotomie est mal vécue par beaucoup de pratiquants du jeu, car elle enjoint celui qui sert à en faire trop, ou pas assez suivant le cas, d'ordinaire au mauvais moment.

On sait qu'aux premiers âges, dans la plaine du Serengeti, lorsqu'ils lançaient la sagaie, les chasseurs Hadzabe manquaient rarement leurs cibles. De nos jours, en école de tennis, dans les temps d'apprentissage, il est assez courant que la balle, une fois frappée par le serveur en herbe, rebondisse une première fois de son côté du court avant de franchir le filet.

Contrairement aux ricanements que cela provoque en général, cette configuration mérite d'être prise au sérieux dans la mesure où elle pourrait — selon certaines rumeurs non vérifiées — représenter une option envisagée en secret par quelques décideurs du jeu pour modifier le format actuel du service, dont la puissance et l'efficacité tendraient à devenir routinières et rendraient le spectacle souvent monotone, ce qui n'est pas recevable dans l'optique de l'*entertaiment* des foules, ni dans la déclinaison des programmes proposés aux accros de sports-TV avides d'empoignades.

Les mêmes sources prétendent, cependant, que plusieurs instances du tennis de table — ayant eu vent de l'affaire — auraient officieusement prévenu leurs collègues du *lawn tennis* que si une pareille décision était implémentée, elles n'hésiteraient pas à porter l'affaire devant la justice pour plagiat, et demanderaient des dommages et intérêts tels que cela pourrait mettre à mal l'institution elle-même.

*

Le Coup Droit
Une histoire de paume

Il s'agit d'un geste fraternel d'ancienne culture qui a mal tourné lorsqu'il a rencontré les sports de raquette.

La paume de la main depuis toujours saisit, caresse, évalue, serre, relâche, lustre, empoigne de même.

Accessoire préféré des hominidés en recherche d'échanges consensuels, amicale, rassembleuse, consolante, amourée par moments, la paume en besogne entoure la taille des guêpes, écarte une mèche, soupèse la marchandise, libère les ceinturons, soutient délicatement — ou rageusement suivant le cas — le stylo qui signe le chèque.

Au Paléolithique supérieur, le dominant du clan posait sa main sur votre épaule en signe de gratitude lorsque vous rameniez, à dos d'homme, le cervidé que vous aviez coursé durant deux jours, il frappait de la paume votre hanche pour consacrer votre rang, caressait votre joue, du même geste poussait dans vos bras l'une de ses femmes en guise de récompense.

Henri Ier Beauclerc l'utilisa pour ses thaumaturgies. Alors, elle guérissait les écrouelles[3].

Quand elle enserra pour la première fois le bois encuiré du manche de raquette, la paume se remémora son passé noir, elle se souvint qu'elle pouvait aussi gifler de temps à autre, frapper à plat le chêne de la table pour couper

---

[3] Marc BLOCH, *Les rois thaumaturges* ; II-3 - 1983 Gallimard (Bibliothèque des Histoires),

court, claquer une porte avant de tout quitter, pousser l'étrave de la barque afin qu'elle disparaisse aux flots obscurs.

Dans sa disposition moderne, ce geste est très largement répandu dans les faubourgs pour le *check*, ce qui lui a procuré une sorte d'anoblissement *street*.

*

Revers d'Infortune

Le revers est d'origine punitive. Il porte en lui-même une grande négativité ; asséné en présentant le côté osseux de la main, il peut être masqué dans sa préparation, violent dans sa courbe.

Lors des combats de l'antiquité, et au-delà du moyen-âge occidental, ce geste servait à entrainer des armes lourdes en un seul coup, souvent fatal.

En format unimanuel, il fut très à la mode, au cours des grands siècles, dans l'application — avec ou sans l'utilisation du gant — des *soufflets*, alors considérés comme la dernière insulte, ce qui ouvrait la porte aux duels sur le pré entre personnels à l'orgueil chatouilleux.

Dans les civilisations d'Extrême-Orient, où le combat était sacralisé et l'entrainement codifié, le tranchant et le revers de la main étaient les armes privilégiées avec lesquelles on cassait, à longueur de journée, des piles entières de briques de 12.

Ken Rosewall, Steffi Graf et Roger Federer, en l'utilisant pour caresser la pelote à rebrousse-poil, en firent une sublimité feulante.

*

La Volée
Un projet démocratique

Ce coup fait polémique. Si aujourd'hui il est admis qu'il a rejoint les figures de rhétorique couramment utilisées en séance, il fut dénoncé, aux origines, comme relevant d'une paresse indigne, et parfois qualifié de propos injurieux.

Le débat démocratique s'étant, depuis, installé, chacun y va de son exégèse.

La gauche, parait-il, considère que la volée est un coup de droite.

Pourtant, si l'on s'y penche, cette figure de style ne semble pas receler intrinsèquement des valeurs conservatrices, ni progressistes au demeurant. L'affaire est plus compliquée qu'il n'y parait.

Certes la volée a comme ambition d'abréger la conversation de manière autoritaire, elle place celui qui l'exécute dans la catégorie des êtres déterminés, sûrs de leurs valeurs, du bon droit de la chose imposée, tandis que de l'autre côté du filet, le malheureux protagoniste se retrouve d'emblée en situation de stress socio-professionnel : pas d'après-midi de lecture, vacances proscrites, RTT volatilisés, il devient la victime expiatoire de la loi du plus fort.

En outre, lorsqu'une volée décisive est administrée à un joueur de l'hémisphère sud par un nordiste dont le père est un dentiste réputé, la chose, chez certains, prend un caractère polémique. De bois vert la volée.

Si c'est le cas inverse qui se présente, ce coup dégage alors un parfum de revanche, la promesse d'un monde meilleur semble prendre forme par le talent révélé d'un soldat de la révolution. Nous sommes dans la gauche originelle.

Cela étant, la volée n'a que peu de méthode, et souvent s'effectue dans des situations rocambolesques qui font appel à l'instinct du chasseur[4], ce qui ne l'éloigne pas de traditions séculaires chères à la droite.

En même temps, l'on peut arguer qu'elle abrège les souffrances de l'agressé, tout en lui présentant une dernière occasion de prouver son adresse, elle oblige les rivaux à se défier sur le champ de la créativité, ce qui — toutes choses étant égales par ailleurs — rapproche ce coup de l'univers dans lequel la gauche s'annonce.

Également, peut-on affirmer que la volée amortie, malgré son côté outrecuidant et — il faut l'avouer — parfois goguenard, est de gauche ? Sans doute, dans le sens où, difficile à réaliser, elle honore l'adversaire en lui permettant, s'il a le bon œil et court assez vite, de s'extraire de sa condition de maçon-plâtrier pour délivrer une contre-amortie extravagante, et rejoindre ainsi le paradis des artistes.

Enfin, pour élargir le débat, doit-on considérer qu'un *passing-shot* pleine ligne — livré en réplique à une volée

---

[4] Dans le vocabulaire anglais du double, l'action -pour le joueur au filet- de traverser latéralement le court et d'intercepter une balle à la volée est appelé le *poaching*, dont la traduction en français est : *braconnage*.

importune — flirte avec des concepts de droite (surtout s'il est accompagné d'un cri de délivrance à rendre jaloux tout militant en meeting de campagne), alors qu'en définitive ce coup n'est qu'une réponse de l'agressé à l'agresseur, et par conséquent de gauche ?

En résumé on voit bien que la chose n'est pas monolithique, et que la controverse est loin d'être épuisée.

*

Le Lob (*au ciel levant*)

On ne regarde pas assez le ciel. Une multitude s'y plaît. Des passereaux volettent en bande organisée, les avions sont de route sud, quelques hélicoptères oligarquent, des oies cendrées migrent en delta, les sables du Sahara font du tourisme, des gamins-gaillards retiennent leurs cerfs-volants tandis qu'un rapace, fin bec, géostationne au-dessus de son menu du jour. Mais aussi, dans les couches basses, s'y croisent verres de vodka vides, lettres de ruptures, feuilles ocres au vent d'automne, vaisselle de castille, chapeaux ayant perdu la tête et quelquefois, en y prêtant une attention soutenue, vous y verrez une balle de tennis en baguenaude.

Elle semble suivre une course elliptique, grimpe tout en ralentissant, paraît vouloir s'immobiliser au haut de sa courbe pour profiter du point de vue, mais, finaude, elle poursuit sa route, se réajuste, et file vers sa cible, une manière de ligne blanchâtre clouée en bordure de terres rouges, qu'elle va venir caresser au bout de sa chute dans une déflagration de cris.

Un lob vient de passer.

Les joueurs expérimentés qui subissent ce coup savent que le lob leur fournit une opportunité de lever les yeux vers leur bonne étoile, cette Orion où résident les dieux du tennis, réels maitres du jeu, ceux qui dans plusieurs minutes, alors que votre balle — ayant percuté la bande du filet — hésitera sur le choix du côté où elle doit retomber, auront la décision finale. Aussi est-il essentiel, à chaque rencontre, de trouver un moment pour leur adresser un sourire, un clin d'œil complice, une flatterie.

Chacun se souvient, sur le *Tour*[5], que ces Vénérables sont capricieux, volages, qu'ils ont la tête près du bonnet, et que d'un souffle ils peuvent vous donner le match, ou vous renvoyer à la mine.

Les *rookies* qui rejoignent le circuit professionnel sont un gibier facile pour ces acariâtres, quand l'horizon est morne au firmament, que les déesses sont aux bains et que la journée s'éternise. Il leur est alors fréquent, pour se distraire un peu, de prendre un joueur en grippe et de lui infliger la quasi-totalité du catalogue *bad-luck,* un bizutage dans les règles de l'art… Juge de ligne astigmate, bourrasques fortuites, arbitre inflexible, filet rebelle, averse de pluie et tout le toutim. Aussi vaut-il mieux les avoir dans sa poche.

Étant donné qu'ils sont de culture antique, certains entraîneurs conseillent aux joueurs de leur sacrifier quelque chose pendant le match, comme briser menu une raquette ou deux contre les bacs à géraniums, ne pas sauver la vie à une abeille égarée sur le court, mais — l'air de rien — l'occire d'un tour de semelle, ou encore réprimander par un grognement le petit ramasseur qui n'a plus de balles dans ses mains. Cela ne vous gagnera pas plus d'amis dans les gradins, mais les dieux du

---

[5] ATP *Tour* : principal circuit international de tennis masculin depuis 1990, géré par l'ATP (Association of Tennis Professionals, création 1972), et comprenant les Masters 1000, ATP 500. ATP 250 et la United Cup, ainsi que les ATP Challengers et l'ATP Champions Tour.

tennis vous en sauront probablement gré, et s'en souviendront le moment venu, à moins que Thémis, n'y tenant plus, n'intervienne, et vous fasse payer votre impudence.

APPAREILLAGES

Fantaisiste acrobate au sourire sérieux. Je n'imaginais pas cette obstination, ces rages tremblées, ce chaloupé osseux, iliaques pivotés, ménisques en saillie, cette envergure trop large, ce masque de liant. Accroché à la balle plus qu'à un spectre, défiant les lois de l'équilibre, opprimant cuisses et tibias en virages violents, il est droit toujours et sur le point de chuter. Un homme droit toujours et rigide jamais.

Philippe BORDAS, *Chant Furieux*
Gallimard 2014

Technique & Talent
L'Équation (non résolue) des 2T

Nous pénétrons ici dans le cœur nucléaire du dispositif, là où se fabrique l'injustice primitive, sans rémission, brutale, outrancière, la glorieuse incertitude de la génétique, cette énigme qui renverse les siècles des révolutions, oblitère le sacerdoce du bien-être communautaire tempéré par le sport, chagrine les congés payés au camping avec-piscine-et-court-de-tennis, rabote le manuel de bonne santé fabriqué éco-végi-bio.

Remis aux oubliettes de l'espèce sapiens le serment solennel de chances égales pour tous.

> *Un dimanche d'automne. Apparaît Dorothée. Six ans bientôt — en mars prochain. Un petit cerceau rouge libère son front de boucles dorées. Quand son oncle, ancien joueur de première série, lui met dans les mains une balle en mousse et une raquette minuscule, elle se précipite à l'arrière de la maison et échange avec la porte du garage pendant dix minutes. ...Dix minutes, une éternité chez les petits d'homme, pour Doro une évasion hors du temps, elle s'amuse, la balle persiste à revenir, de sa raquette elle la renvoie, plus haute, plus basse, plus tournante, c'est un jeu, c'est tout.*
>
> *Son frère Georges-Kevin (c'est son père qui a choisi le prénom), de deux ans l'aîné, regard sombre, épaules de défi, n'est pas bon en orthographe mais compte sans les doigts. GK a rejoint*

Doro dans la cour, par habitude, curiosité aussi, juste pour contrôler.

Acte I : il regarde le manège... D'abord, rires.

Acte II : une menace sur la hiérarchie des prérogatives prend corps. Son regard se tend. Il s'immobilise, soupçonneux, puis il s'approche.

Acte III-Scène 1 : GK arrache la raquette des mains de sa sœur -rires à nouveau- et s'essaye.

Acte III-Scène 2 : la balle rate la porte, la façade pareillement, et termine sa course dans les bégonias de tante Michelle.

Acte III-Scène 3 : encore deux ou trois tentatives, sans lendemain, enfin la balle rejoint le mur du verger, la raquette le toit du garage. De rage.

Épilogue : Dorothée s'en va perler de larmes la jupe de sa mère.

Vingt années plus tard.

GK est trader à Londres. Chaque matin, dans l'aurore grise de Hyde Park, il expédie quarante minutes de jog à toute vapeur, avant de rejoindre la City à vélo. « *Reasonable sportsman for a frog...* » ricanent ses collègues cambridgiens. GK a couru le demi-fond en universitaire. Sur le court de tennis il est insupportable, joue deux fois par semaine au Queen's, cavale sur tout ce qui bouge, des heures durant, sert comme un docker, ramène la balle cent fois, sans style, à l'arrache, ne joue jamais en double, serine ses adversaires de quolibets.

Dorothée, parisienne repentie, termine Art-Déco à Lyon-ville. Elle voit souvent le bel Adel, se passe en boucle 'After Dark' des Tito and Tarentula. Non classée, elle prête main-forte à une équipe locale d'interclubs et gagne tous ses matchs — style... promenade au bord du lac un lundi de pentecôte.

Depuis le collège, elle joue deux fois dans l'année, avec son oncle, et son frère, aux Pâques et aux vacances de pommes de terre. La maison grand-paternelle, celle de leur enfance, il y a un tennis en quick au fond du jardin.

Lorsque, dans un climat de rituel sacrificiel, Doro et GK investissent le court pour jouer un set, on éloigne les petits neveux. L'oncle, depuis l'un des chiens assis du toit, n'en perd pas une miette.

Comme chaque année, Dorothée mettra une tôle à Georges-Kevin, épaisseur 75 mm, à 6 trous poinçonnés, diamètre 4.6

*

Le Physique
Une saga.

Résistance des 400métristes, coup de foudre manière Carl Lewis, instinct au millième de cockpit F1, millimétrique de l'archerie, impacts secs des gants de cuir, cœur-de-fer breveté Izoard, il est dorénavant demandé aux joueurs professionnels d'avoir le tout à disposition 24/7. Le physique domine la plaine.

Cependant, sa prise de pouvoir ne coula pas de source. Catapulté dans l'euphorie de l'après-guerre, s'abandonnant aux addictions de la croissance, aux tentations de l'alcool, des drogues, de l'argent facile, il fut soumis à rude épreuve dans les milieux urbains. Quand le *Rat Pack* menait la danse.

Depuis les bancs en bois des stades d'athlétisme, jusques aux gradins noirs de monde des arènes de football, le physique des athlètes était considéré comme un fait acquis, on l'admirait, on l'applaudissait, courage et domination de la force primale semblaient s'être réincarnés dans ces nouveaux Achille surgis d'un sommeil de plus de deux mille ans. Le concept de préparation physique dédiée n'était qu'embryonnaire, il s'agissait avant tout d'aguerrir le corps, le rendre plus puissant et plus résilient par la mise à l'ouvrage de cuisses et biceps aux circonférences augmentées.

Dans cette période dorée, les joueurs de tennis, sorte de coterie de fils de famille mi-acrobates mi-athlètes, voyageaient en pack d'un tournoi l'autre, partageaient chambres et fricots, chaque soir buvaient des bières assis au zinc des bars à la mode, tombaient les filles d'un sourire, se présentant parfois au match du lendemain après n'avoir consacré au sommeil que le minimum syndical. Quant au physique, il n'avait pas le choix, il devait assumer, suivre le rythme infligé par son proprio qui ne lui prodiguait parfois qu'une maintenance basique, en faisant brièvement chauffer le moulin avant les *practices* quotidiens sur le court.

Avec le professionnalisme, le tennis gagna en notoriété mais perdit son sens de l'humour, au grand désappointement du physique qui vit ses rêves de badinage en roue libre s'évaporer en quelques années. C'était inévitable, il allait falloir trimer.

Tôt jeté dans le champ gravitationnel de la kermesse financière, le sport de haut niveau s'invita à la fête du tout-écran et aux cérémonies sodaïsées des remises de trophées. Sur les tournois de tennis, plus question de dilettantisme aristocratique, de *fun*[6], les sponsors veillent au grain, le combat du dimanche-après-midi-TV doit être épique, les unités du théâtre classique lieu-temps-action s'imposent à nouveau, cette fois en direct-mondial, l'empathie déploie ses corolles dans le cœur du public, il faut prendre parti — le loup contre le goupil, la

---

[6] Voir l'ouvrage de Rod LAVER et Roy EMERSON: *Tennis for the Bloody Fun of It*, (avec Barry TARSHIS) 1976, The New York Times Book Co., *in* ch.I & V, sur la place de l'*etiquette* et du *fun* dans l'approche du jeu de tennis.

mangouste tue le cobra, l'ouvrier métallurgiste défie les fils du docteur X.

Aussi moteurs et châssis doivent-ils être rigoureusement révisés et en ordre de marche optimal à première demande. Perdre après avoir bataillé reste autorisé, mais la panne sur le court pour non-entretien de la mécanique n'est pas bonne pour le business, c'est la faute professionnelle lourde, ça grince des dents dans les couloirs de bois blond des éditeurs du jeu.

La race s'émancipe. Des géants de deux mètres se présentent à la pesée, servent une balle qui voyage à 64 m/s, mais leurs physiques s'opposent aux exigences de l'effort nouveau, se rebiffent même… « *On ne peut pas être au four et au moulin* s'agacent-ils, *se tendre sur des segments longs comme des bambous et produire de la vélocité des heures durant ! Impossible on vous dit !* » Alors entrent en scène les préparateurs, sorciers bienveillants, qui apprivoisent les physiques, savent leur parler, les rassurent, leur indiquent les chemins qu'il faut emprunter pour gravir cette montagne hostile. Dès lors les Goliath savent faire vitesse, résistent au temps long, affrontent David à armes égales.

De nos jours le physique est devenu adulte. Septuagénaire magnifique, il a su créer des sous-ensembles, se réinventer en spécialités, recruter du beau monde.

Dans l'atmosphère saturée de la salle de fitness, l'athlète ATP contemple son physique compartimenté : force — vitesse — résistance — souplesse — coordination.

Mais l'affaire s'est sophistiquée, à l'entraînement ça chinoise, les *prépas* physique font du zèle, sous-segmentent — force réactive et force maximale, vitesse d'action motrice et vitesse de réaction, endurance locale contre endurance générale, souplesse active et souplesse passive — le tout aux bons soins des équilibres neuromusculaires.

Avant peu, à chacune de ces filles prodigues il faudra un coach distinct, un ou deux conseillers en CDD pour des *cliniques* de circonstance, un consultant — ancien kiné olympique — comme coordinateur physis, avec copie des comptes-rendus de sessions à l'entraîneur en chef pour contrôle, à l'agent et aux responsables équipement pour mémoire, au communiquant pour circulation. L'entourage est devenu la *team* — minibus de croisière 12-places 2.5 L Turbo-Diésel de rigueur, on réserve la moitié de l'étage 7 à l'hôtel BlueBay-Vision.

*

Mental

– *Mental* \mã.tal\ (*du latin mens, mentis, l'esprit*) :
Phonétiquement proche du *métal* (qu'il a, dit-on, toujours jalousé) le mental est une ressource auxiliaire à laquelle Homo sapiens peut faire appel à certains moments clés de son existence, et qui présente la particularité — si elle est dans un bon jour — de courber le cours des évènements par le seul pouvoir de l'esprit sur lui-même. Peu répandu dans le commerce et l'industrie, le mental est largement sollicité dans le sport, où il fait florès. Néanmoins, dans la mesure où le *manque de mental* a été — et demeure — à l'origine de graves déconvenues dans les stades, tout comme responsable, sur les tournois de tennis, de dénouements calamiteux, sa réputation reste assez mauvaise et ses mécanismes fort mystérieux.

– *Going mental* \ɡoʊɪŋ mɛn.təl\ (*Anglais familier*) signifie : *devenir dingue, fou-furieux.*

*

Tactical (–aux)

Certains êtres sont des bagarreurs nés. Ils ne sont pas violents par nature, mais ils savent la castagne, c'est ainsi.

Dès qu'ils sont placés en situation de concurrence, la doctrine du *final combat* s'impose immédiatement, consubstantielle au processus de consolidation d'un moi aux sourcils froncés.

Dans cette tribu, il arrive néanmoins que l'on manque de jugeote — pour employer le langage de nos grands-mères. En revanche, les quelques spécimens qui possèdent cet ultime apanage deviennent, alors, des tacticaux, des créatures à l'âme d'airain, les Ulysse du jeu, ceux que l'on appelle les *injouables*.

Pour d'autres, le combat singulier en conformation sportive n'est qu'un labeur de plus, une corvée, des devoirs de vacances à la mer. Pourquoi croiser le fer ? Tout serait tellement plus civilisé si le *contest* se résumait à une confrontation entre deux talents fonctionnant en parallèle, deux méthodes d'entraînement, deux volontés poussant le corps dans ses limites, œillères aux tempes, vent debout, comme chez l'ancêtre athlétisme.

Dans le tennis de compétition, aucune rémittence, on est placé face à un concurrent qui nourrit le projet de vous terrasser dès la sortie des vestiaires. À son corps défendant on est tiré par la manche dans le fond de cette ruelle où l'empoignade en 3D va commencer aussitôt le gong retenti. Feuille de route : rival, émotion, corriger, relâchement, confiance, méfiance, maitrise, patience, emprise, entreprise, objectifs, parvenir, subir, blesser, résister, contrecarrer, plier, compter, courager.

Une existence entière en cent minutes sous le soleil de Satan.

D'où l'importance des maîtres tacticiens du staff, les psys nouvelle génération, les pros de la médecine des âmes, ceux qui vont mettre en résonance : l'outil - le corps, l'énergie - l'émotionnel, et le tactical - la raison.

« *Ça me fatigue... Je te jure... Ne me prends pas la tête avec tes histoires [....] Ouais mais je sais qu'il aime pas les balles hautes sur le revers et les services slicés côté avantage ! [....] Quoi ? [....] Mais non ! ... J'vais sûrement pas faire ça en début de match ! Gomes-Coral a essayé à Rome il y a dix jours et il s'est mangé un 6-1 en 18 minutes... Tu me racontes quoi là ? [....] Comment ? [....] Mais je m'en fous de savoir que Justin lui a pris un set le mois dernier en jouant comme ça ! De toute façon il est injouable ce mec, tu peux gagner deux ou trois jeux chaque set mais c'est lui qui décide quand. [....] Hein ? Ah non ! Pas maintenant, on a tapé des revers toute la matinée ! [....] Mais ouais je sais qu'il aime attaquer décroisé ! ... On verra bien ! [....] Mais si tu verras ! Qu'est-ce qu'on fait ct'aprèm ? [....] Ah damned non s'te plait ! Pas sophrologie ! J'comprends pas c'que le type me raconte ! [....] Mais si, j'te jure, c'est vrai, y me met des mots compliqués sur des trucs simples. Sérieux... Ça veut dire quoi 'objectiver mes pensées négatives' ?... D'toute façon, tu sais bien, ce jeu...si les collègues t'agressent tu défends, quand ils raccourcissent tu les agresses, et t'essayes de leur planter des aces, des winners et quelques dropshots... C'est ça ce jeu, pas plus ! Bon... Pas sophro, please... Dis-lui que...j'ai besoin de repos, voilà, ou un truc dans le genre ! D'ac ?... Allez... J'vais prendre une douche. On se retrouve au Village pour manger ? »*

*

Coordination
Les centièmes du temps

La balle, flamme jaune de 58 g, allure 154 km/h, vitesse de rotation 3200 tr/min[7], vient de passer à l'aplomb du filet et se dirige vers l'angle gauche de votre côté du court.

0.52s est la portion de temps à disposition avant qu'elle ne se retrouve en contact avec votre raquette.

La gueuse affiche une telle vélocité et un tel caractère intrusif qu'on pourrait la croire animée de mauvaises intentions, par exemple de vous renverser. Mais il n'en est rien. Son maître à penser, qui cumule cette fonction avec celle de manouvrier, l'a formatée comme une première banderille visant à perturber votre équilibre au sol, tout en lui laissant l'option, si elle le juge possible, de ne pas éventuellement revenir, ou de sortir des limites autorisées lors de son retour au bercail.

Dès qu'elle aura touché votre tamis, elle changera de chef pilote, de mission, de religion, le temps d'un moment d'ivresse, d'une course folle en territoire ennemi, avant de revenir vous parler du pays. En somme cette sphère de feutre ambré est à la fois auxiliaire et adversaire, arme et bourreau, assassine et exécutrice testamentaire, sujet d'enchantement et objet de colères paroxystiques. Depuis toujours la relation ambigue

---

[7] Vitesse moyenne de la balle du coup droit de R.NADAL, enregistrée par John YANDELL, *in* article de C.GORNEY *Ripped (or Torn Up ?)*, New York Times Magazine, June 17, 2009

développée avec cet objet mi-ange mi-démon a intrigué plus d'un pratiquant du jeu, jusqu'à immerger les plus anxieux dans une forme épisodique de la paranoïa. Sans parler de ceux pour qui la manifestation triviale de l'agression — tout comme les concepts primitifs de la gagne et de l'échec — ont rendu obscurs les codes de l'échange avec leurs contemporains, voire perturbé leur lecture des buts ultimes de notre présence sur terre.

0.52s. Pour d'autres sportifs d'élite, skieurs alpins ou pilotes automobiles en l'état, c'est un intervalle de contact assez vaste : trois ou quatre rivaux pourront venir défier le géantiste à l'intérieur de cet espace, à l'issue de quatre-vingt-cinq secondes de périls blancs au fief de la funambulie ; lors des courses de F1, cela représente désormais le quart du temps consacré à l'arrêt au stand, cet antre d'acier blanc et de caoutchoucs gras où gestes humains et mécanismes de haute précision s'accouplent, sans un mot, dans le cliquetis des matériels.

Un faux pas, un coude qui s'écarte au vent, une main qui glisse, un écrou qui grippe et c'est la catastrophe, la sanction est immédiate, on sort du champ sacré des cinquante centièmes de seconde, relégation aux places de consolation, une plongée sans bouteilles dans les eaux grises des profondeurs du classement.

Revenons aux 0.52s. Chez les virtuoses des courts, c'est le moment d'appuyer sur la manette *synchro*. Alors que vous vous précipitez au plus près de la trajectoire, il y a réunion d'état-major dans la *situation room*[8] : est-ce le moment de contre-attaquer ? Au contraire de neutraliser ? Ou d'embrouiller pourquoi pas ? Tenter le K-O, le coup parfait ? Pendant que ça se décide, il faut analyser les composantes stratégiques du match, se souvenir du jeu précédent, des mots de Miroslav (votre coach bulgare) : [...*Il ralentit le jeu à 40-40...tu peux en profiter...*], ceci tout en analysant du coin de l'œil le positionnement de votre adversaire, et son *body-language*. Mais le temps presse, il ne faut pas utiliser plus d'une poignée de centièmes pour prendre cette décision.

Restent 0.42s. Maintenant que le choix est entériné, vous passez en revue les options techniques et tactiques : slicer dans la partie ouverte du court, jouer à plat au centre, frapper un topspin mi-court croisé... Votre intuition, après un rapide tour d'horizon, identifie le slice croisé-long comme étant le format dans lequel votre moi et votre surmoi seront à l'équilibre, pourront collaborer sans se chicaner.

0.38s au compteur. Il est grand temps de descendre dans la salle des machines. Tout en modifiant votre prise de raquette, vous allez devoir ajuster tous les paramètres de ce que Giacomo, votre préparateur physique, appelle *la chaîne cinématique*, c'est-à-dire — tout en conservant l'équilibre du complexe lombo-pelvi-fémoral — régler

---

[8] L'agencement du *pack décisionnel*, soit l'harmonisation des différentes procédures décrites pp. 46-49, est exécuté ±25 fois par chaque joueur le temps d'un seul jeu. — D'US dollars, assez, pour leurs immenses prouesses, les champions de tennis reçoivent-ils ?

la pression de l'énergie cinétique qui partira du sol et cheminera jusqu'au bras comme le long d'un fouet. Un instant vous avez envisagé de vous décaler, pour masquer votre intention, immiscer le doute dans l'esprit de votre adversaire...non...le moment est trop important, inutile de dépenser quelques précieux centièmes pour examiner cette subtilité.

0.30s. Toute la machinerie est dorénavant calée au niveau d'alerte le plus élevé, vous vous êtes positionné du mieux possible, votre bras, armé en préparation convexe, est prêt à libérer son énergie, le système locomoteur est en mode de combat — érecteurs du rachis bandés comme des arcs, obliques de béton, quadriceps dans les starting-blocks — vos pieds entament leur poussée, vos yeux dévorent la balle, le pilotage automatique s'enclenche, moulinant les paramétrages que vous venez de lui transmettre.

0.18s avant impact. La balle est ici et maintenant, vous fait face en mode *Règlements de compte à OK Corral*, précédée par son odeur de feutre chauffé.

Votre regard d'épervier assume une dernière mission, évaluer le rebond durant les ultimes centièmes de seconde, et décider s'il faut frapper la balle montante, ou la laisser vivre un souffle de plus pour mieux l'imprégner...pas vraiment le temps...*never mind*...vous allez faire au mieux, laisser parler l'instinct...le sablier est vide...apparaissent ces quelques centièmes, retardataires incorrigibles, toujours les mêmes, qui glissent au sol...le silence des tribunes pèse un millier de tonnes.

Contact dans 0.09s...on ne peut plus rien changer, les rotatives tournent à plein régime, commencent à imprimer votre prose...pourtant une inspiration divine, une idée géniale s'est emparée de vous dans une explosion de lumière...au diable le slice...à la poubelle les conseils de Miroslav — *hanches de granit, dos militaire, ajustement du gros orteil gauche*, toutes ces fadaises...votre bras a ralenti, votre poignet s'est ouvert, vos appuis s'assouplissent...vous délivrez une amortie décroisée invraisemblable, le coup du match, un truc fabuleux...dans l'arène des essaims entiers de spectateurs s'arrêtent de respirer, avant de hurler comme des fous, les cris des femmes enivrent l'air...votre adversaire, les yeux au sol, se tourne vers les ramasseurs, il n'a quasiment pas bougé...balle de set pour vous...les gradins prennent feu, les capsules de bière volent dans les bars à sports, ça exulte dans les clubhouses des TCs[9], à la maison on remplit les verres en urgence, et on reprend une part de tarte tatin avec la main.

---

[9] TC(s) pour *Tennis Club(s)*. Abréviation (Angl). Placée avant ou après un mot, un lieu, un patronyme, elle définit la fonction du club, au même titre que FC (*Football Club*), RC (*Rugby Club*), AC (*Athletic Club*) etc. Tournure adoptée, depuis les débuts de l'ère sportive moderne, par la plupart des clubs dans le monde, quelle que soit leur langue nationale.

LES ESPRITS DU JEU

> Plus le peuple voit des gladiateurs lutter férocement en combat singulier, comme s'ils étaient réellement ennemis, plus il les voit lutter avec une rage folle, plus il les aime et les applaudit, et plus ces applaudissements les excitent.
>
> Saint AUGUSTIN
> *De catechizandis rudibus*, XVI-25
> (Trad. De Paul VEYNE
> in *L'empire Gréco-Romain*,
> Seuil 2005)

La Culture de la Gagne
Une écriture urbaine

L'un des esprits du jeu, et non des moindres, réside dans la quête de l'excellence. Les joueurs se transforment, se grandissent eux-mêmes en s'obstinant au labeur de perfectionnement, bien davantage que par la collecte monomaniaque de la victoire qui ne représente, en elle-même, qu'une fraction des éléments constitutifs de l'athlète dominant.

Un champion n'est pas acharné, il va jusqu'au bout de lui-même ; il n'est pas agressif, il décline son art sous toutes ses dimensions ; il ne hait pas son adversaire, il le craint, le teste ; il ne l'écrase pas, il le précède, le surpasse.

Emporter la victoire sur un court de tennis conjugue patience, adresse, détermination, audace, mystères, prières, resserrements, humilité, coups du sort ; la perte d'une rencontre n'est jamais drame ni fatalité, c'est une péripétie qui bâtit l'avenir, un goulet hérissé de ronces que l'on franchit vers une aube de lumière blanche.

Nous sommes aux antipodes de l'arithmétique de la gagne telle qu'elle est pratiquée dans les métropoles. Dans les étages de cette jungle citadine, l'échec est aussitôt présenté à la justice de la meute, condamné à l'unanimité, dans la minute sanctionné, inscrit au dossier en perpétuelle. La gagne urbaine est question de survivance, d'identité, elle se construit dans la revanche d'un destin de cordes...domination de l'autre, convoitises, jalousie d'une vie, quête insatiable du butin. Au sordide spectacle du machisme des petits bras.

Le tennis de l'élite est affaire d'artisan, au rythme lent du polissage de la matière, à la recherche de la courbe parfaite, de l'ultime reflet du marbre qui mettra au monde la statue du héros.

Au verbe français *vaincre*[10], dont le complément d'objet direct endosse sur le champ de bataille les loques du *looser*, les Anglais ont présenté dès le XIIIe siècle un rival intransitif, *prevail*[11], où il est question d'être émérite, prééminent par la force de ses valeurs.

Winning[12], et son petit cousin gaulois *la gagne*, ont le visage sudoripare, mâchoires serrées, poings levés.

Sur le court, au bout de l'affrontement, le champion n'a pas vaincu son adversaire, il a vaincu ses propres tourments, ses rages de tout jeter au vent, de quitter l'enceinte, de maudire le ciel, il a dominé sa peur de décevoir, de rater, de passer à côté du destin. Il a trouvé les clefs pour se hisser en tête. Il s'en souviendra.

L'un des frères utérins du tennis, l'alpinisme, connait bien cet opus. La conquête d'un sommet est œuvre de

---

[10] Dans la 1re édition du dictionnaire de l'Académie Française (1694), à *Vaincre*, on peut lire comme définition d'entête : « S*urmonter en guerre, Remporter quelque grand avantage dans la guerre sur les ennemis. Les Romains ont vaincu toutes les nations de la terre. Vaincre en bataille rangée. Vaincre par ruse, par finesse, {il faut} vaincre ou mourir.* » Cette définition fut reprise *in extenso* dans chacune des sept éditions subséquentes (1718 à 1935), modif. dans l'éd. Actuelle (9e).
[11] Du latin 'prae' : *avant* et 'valere' : *être fort*
[12] Du vieil anglais 'winnan' : *travailler, peiner, lutter pour, travailler à, s'efforcer, se battre.*

forge. L'annonce du défi hante les montagnards dans le rouge des crépuscules qui précèdent leurs premiers pas aux verticales des voies. Chacun sait qu'il faudra être fort de soi, confronter sans se désunir fièvres et bourdons, accomplir des allures réputées impossibles, ne pas chuter dans les portions faciles, lutter contre l'endormissement, recevoir la souffrance comme vertu, ne pas céder aux hydres de la fatalité ni aux sirènes de la vanité, puiser au fond de son âme les forces pour franchir les derniers mètres et enfin contempler, le calme au cœur, comme un enfant, le spectacle depuis la cime, surplomb de l'épopée.

Lors des tournois de tennis, l'obsession de la gagne, quand elle est trop saillante, n'est pas toujours applaudie, elle transpire une forme de vulgarité. La poursuite obsessive d'un palmarès ne garantit pas un avenir mémoriel dans la légende des courts, il faut aussi, par-dessus tout, être un exemple.

La mythologie ne se nourrit pas de chiffres. Pour beaucoup d'entre nous, le passé des icônes du jeu, bien plus que leur place aux hit-parades, est de vert gazon au silence d'une foule, de terres embrasées par la défaite d'un soir, de résine bleue dans le chaudron d'une nuit d'été. Les images seules peuplent nos souvenirs... Hingis démolissant l'univers des adultes, les carreaux d'arbalète des volées d'Edberg, Sampras et son service néandertalien, la beauté juvénile de Pecci, Arthur Ashe l'aristocrate, la dédicace du revers de Steffi, l'animalité du jeune Becker, Ivan Lendl et son algèbre implacable, dreadlocks et *chip-and-charge* de Noah, McEnroe pyromane abracadabrant, le voyage au bout de la nuit d'Isner et Mahut, Jim Courier et sa *baseball-bat*, les revanches de Serena, Bjorn Borg le nouveau testament, Mečíř et Rios en diagonales félines, l'insolence agitée d'Agassi, Thomas Muster sur son banc de douleur, l'outil en métal de Connors, les larmes de Federer à Vienne en 2002…et tous ces portraits d'aquarelle que notre mémoire a sauvegardés dans le dossier *enfance.com*.

Nos anciens devisent sur la grande période des *aussies*[13] dont ils regardaient, fascinés, les exploits du bout du monde sur des postes TV plus noir que blanc, Roy Emerson au fair-play absolu, Rod Laver (dit *Rocket*), gaucher boulimique aux jambes de feu, Ken Rosewall et son slice de revers inégalé, la boucle du service de Tony Roche, Newcombe le flegmatique sans pitié.

À l'égal des grands Maîtres japonais, leurs frères d'orient, ils sont toujours parmi nous, défient le temps, augustes somptueux ils observent en silence le jeu qui passe.

*

---

[13] Diminutif de : *australians* - Période (v. 1955>1970) durant laquelle les joueurs australiens dominèrent le jeu.

De la Dramaturgie

Le tennis en combat singulier est un sport de poursuite. Cela lui a permis, outre l'esthétique du jeu lui-même, d'acquérir sa place dans le peloton de tête des retransmissions globales.

Au sein de ce lobby très fermé, afin de conserver son rang au box-office des taux d'audience, on se doit de proposer du drame, de la grecque tragédie réactualisée avec ses rites, ses fables, ses héros, des coups de glaive, des masques grimaçants, un satyre apparait, disparait, les chorèges sont là, qui animent, le public crie, pleure, interfère, et enfin s'abandonne à la célébration de Dionysos dans des débauches de bière d'épeautre[14].

Dans sa version vingt-et-unième, transmuter le duel sportif en psychodrame de qualité marchande nécessite de recourir aux mêmes procédés, ils ont fait leurs preuves, rempli les stades, les écrans, les bourses.

La liste des ingrédients est connue, placardée aux frontons des fédérations internationales, tissée en filigranes dans la pâte à papier des règles de jeu : chorégraphies de l'*affrontement* contrôlées par les règles et l'arbitrage ; *incertitude* anxiogène du dénouement ; *magie* du geste sportif d'exception.

Quoi qu'il en soit, le bon déroulé de la soirée HD nécessite de mitonner l'ensemble de ces concepts avec grande précaution, au risque de choquer ou contrarier

---

[14] Breuvage favori des Athéniens du peuple lors des spectacles de l'antiquité.

l'abonné, voire, à l'inverse , de le lasser, hantise absolue des diffuseurs…l'envie de consommer, de partager, nous abandonne, flacons indigo et canettes vermillon s'endorment dans la glace, le barman lambine une main sous le menton, zappe en revue les chaînes-info, on se venge sur des pizzas quatre-fromages, le lendemain au bureau rien à discuter, dans le métro chacun faisait grise mine, on annule le brunch-débrief du dimanche avec les copains du Neuville-Vintage FC.

Dans le but de ne pas se dissocier du climat ambiant de l'époque, et satisfaire une certaine demande, quelques sports mondialement relayés ont laissé prospérer, au sein de leur base, la notion d'hostilité clanique en lieu et place de la rivalité sportive conventionnelle, élargissant ainsi aux gradins — et par effet d'osmose au terrain — les outils de coupe de la brutalité ordinaire.

Le *lawn tennis*, quant à lui, résiste. Confiné dans son champ clos de 260 m², protégé par des règles robustes et un arbitrage dorénavant assisté, fort d'anciennes coutumes de courtoisie et de probité, le jeu entretient, par beaucoup d'aspects, une théâtralité d'ancien régime, n'ayant connu à ce jour aucune des affres que provoquent interprétations ou contestations des règlements, empoignades de joueurs et batailles rangées en tribunes.

Si le drame se noue, c'est à la régulière, quand le public tremble ses peurs sont nobles, par cette sourde anxiété qu'attise le joueur dans son mauvais jour, alors que tout reste possible de par ses seuls exploits.

D'autres angoisses sont viles, profanes, elles nous sont imposées par la confusion qu'entretiennent certaines institutions sportives, ainsi l'appréhension, lancinante — qu'éprouvent des masses colossales de fans à travers les continents — de voir son équipe perdre la rencontre sur une ou deux fautes mal sanctionnées, quand l'infraction caractérisée n'est pas tout simplement méjugée par un arbitre dépassé par les évènements.

Paradoxalement, c'est la fréquentation de cette frousse névrotique que semblent rechercher les foules en se rassemblant lors des matchs, comme s'il fallait, épaule contre épaule, effarés, gorges éreintées, partager les tourments que provoque l'imminence de l'injustice terminale, un retour à l'incertain des temps obscurs, une descente dans les abysses de l'âme humaine.

*

La Célébration, et Autres Rites
Le concept feel-great

Époque 1

L'époque originelle était de triste notoriété. La communion des champions avec le public des tournois de tennis restait sommaire, une sorte de réserve empreinte de timidité dominait chez l'athlète, une volonté de ne pas exulter après un coup, un jeu, une rencontre, était de mise. Signes extérieurs de victoire prohibés.

Il est possible qu'il ait existé des raisons objectives expliquant une telle attitude : s'il eût fallu que Rosewall ou Laver brandissent le poing tout en s'époumonant à chaque fois qu'ils l'emportaient — ou qu'ils réalisaient une splendeur sur le court — ils eussent arrêté leurs carrières[15] à mi-mandat pour cause de tendinite au coude et d'arthrose précoce du poignet, doublées d'une laryngite chronique.

Pour leur part, les spectateurs, en général connaisseurs, savouraient le spectacle de l'adresse ultime et du *fighting spirit*, s'enthousiasmant mezza voce. Dernier snobisme, le public du Centre Court de Wimbledon avait eu l'aplomb d'inventer un modèle unique en son genre : des applaudissements d'au maximum quatre secondes pour saluer le gain d'un point, comme si les bravos se devaient d'être brefs afin de ne pas perturber le

---

[15] K. ROSEWALL carr.: 30 ans (am. & pro.)2845 matchs (Sp 2521,Db 324) R. LAVER, carr. : 23 ans (am. & pro.) 2559 matchs (Sp 2227, Db 332) p.m., R. GASQUET, carr. actu : 22 ans 1151 matchs (Sp 1016, Db 135) e.&o.e.

déroulement du Concerto SW19 pour Duo d'Instruments à Cordes Frottées.

Vilénie ! Archaïsme !... Entendait-on chez certains éditeurs du sport, lesquels, sûrs de leur fait, préparaient l'arrivée du modèle *total-sport-celebration*. Ces nouveaux oracles l'avaient compris : des membres de la *middle class* qui se délectent, en épicuriens, des raffinements d'un art servi par quelques paladins adeptes du stoïcisme, ça n'allait pas durer !

Les facéties roumaines d'un immense champion du jeu mirent le feu aux gradins, rejoint par quelques joueurs de grand talent qui inaugurèrent l'*emportement public-partagé*. Pour les puristes, le ver était dans le fruit, pour d'autres, ça commençait, enfin, à ressembler à quelque chose de commercialisable.

Époque 2

Un chevalier errant, encore jouvenceau, débarque des côtes du Svealand et s'inscrit dans les tournois. Il est équipé d'armes tendues à trente kilos, et un Sancho Penza fabriqué d'acier Sandvik l'accompagne. En première instance un vent de panique souffle dans les bureaux : l'éphèbe gagne sans un mot, sans lever le poing, sans animosité, ne discute jamais une décision d'arbitrage, ne semble pas souffrir ni lutter outre mesure, ses rivaux le respectent... Un mutant quoi ! Authentique, cette fois. Certes les groupies sont au rendez-vous, mais elles ont quinze ans, il semble les ignorer, timidité ou self-contrôle — un truc d'ados pour finir — il ne partage pas grand-chose, fuit la presse et les micros autant que faire se peut... Bref ! Un casse-tête programmé pour les responsables marketing.

Mais soudain, devant leurs yeux stupéfaits, le miracle se produit. Après une période d'apprivoisement, des hordes de fans adoptent ce joueur impassible, il est beau, silencieux, énigmatique, on devine que la lave en fusion coule dans ses veines mais il contrôle le feu, le transforme en énergie systémique, jeu-set-et-match, la mystique s'installe, l'épopée du jeune viking captive les foules, serre-tête trois-couleurs et coupe mi-longue se portent par milliers dans les clubs de tennis, il réinvente un style, transforme le jeu, devient mètre étalon.

À la lettre *T-pour Tennis* de son abécédaire[16], Deleuze l'annoncera à sa statuaire.

Toutefois, sur le court, entre lui et la meute de joueurs lancée à ses trousses, les matchs deviennent longs, tantôt laborieux, les points plus compliqués, certains le copient, rigueur et résilience règnent en vertus cardinales.

Il faut trouver l'antidote. Challenger le blond à la raquette de bois. Par chance des étoiles montantes apparaissent, des rivalités s'installent, pimentées par un ou deux stylistes de génie à l'abord délicat. Tout ceci renouvelle le genre, assure l'audience, des confréries s'opposent — jeu lifté de fond de court *versus* service-volée — on s'indigne des colères noires du garnement

---

[16] Entretiens sous forme d'abécédaire entre le philosophe Gilles DELEUZE et Claire PERNET, filmés en 1988-1989 (25 épisodes, Réal. : P. A. BOUTANG). Première diffusion sur ARTE en janvier 1995

du Queens, nombreux sont ceux qui lui pardonnent, tous applaudissent, de cœur ou de raison, l'artiste ultime. Quant au *nordman*, il révèle, enfin, quelques trous dans la voilure. Saturé, il claque la porte à vingt-six ans.

Si, côté jardin, la *new wave* et *The Police* décrassent le rock'n'roll, côté cour, le tennis n'opère pas sa mue. Ce jeu reste un sport de culture élitaire, un fils rebelle qui fait tache dans le concert des promotions du tout-spectacle. Néanmoins il parvient à produire du mélodrame de bonne qualité, conserve ses sponsors institutionnels, compte des millions de partisans et dispense, par son esthétique et les drames en cinq actes des tournois majeurs, un grand pouvoir de séduction.

Cependant, les champions, malgré les combats souvent héroïques qu'ils proposent sur le court, sont plutôt avares dans le partage qu'ils font avec le public de leurs vicissitudes. Cris et gestuelles — on le voit bien — relèvent d'un dialogue intérieur chez l'athlète, qui peut aller de la jubilation à — dans certains cas — l'automutilation. Bien entendu le public exulte, siffle, s'enflamme, mais en définitive n'est pas sollicité, il est reclus *nolens volens* dans sa condition de spectateur ordinaire d'un affrontement dont les coulisses restent secrètes.

On se creuse la tête, comment inciter les joueurs, ces narcisses invétérés, ces surdoués intouchables, à électriser la minute TV, échanger avec l'auditoire de l'émotion consommable, satisfaire aux exigences des abonnés qui, tels des oisillons au nid, attendent le bec grand ouvert leur ration d'enivrement ? D'autant que lors des rencontres de Coupe Davis — comparativement peu financiarisées — ces mêmes joueurs communient avec leurs compatriotes-supporters selon des chorégraphies dignes des meilleurs banquets ! Et trois jours durant voulez-vous croire ! C'est à n'y rien comprendre.

Dans le même temps, plusieurs sports retransmis de l'époque semblent avoir réussi à virer leur cuti, et assurent grassement les fins de mois de l'attelage éditeurs-média-sponsors.

Au premier rang, le football, précurseur dans beaucoup de domaines, avec ses courbes d'audience à géométrie verticale, ses stades bondés, les brailleries sempiternelles des commentateurs, ses clubs de supporters échevelés, sans omettre les soirées Bar-des-Sports et les discutailleries du lendemain devant la machine à café.

En prime, joutes européennes et *Copa do Mundo* éclatent les budgets, collent les foules aux écrans, paraissent promises à un avenir radieux. Le *soccer* taquine l'athlétisme au box-office mondial. Étrange concurrence s'étonnent certains…huit sprinters fendant l'air à plus de 35 km/h au-dessus d'une cendrée, pendant que des Milon aux cuisses nouées se défient à qui peut sauter le plus haut, lancer le plus loin, ou décathloner deux jours durant, chacun peut comprendre ça, deux mille cinq cents ans d'histoire nous regardent — respect — on s'enthousiasme, le feu des projecteurs découpe les corps sculptés des athlètes, des Athéna aux silhouettes de rêve pulvérisent les chronos, disciplines et concours se succèdent en chapelets, la multitude des défis emporte le peuple.

Mais intéresser les masses à un jeu de balle au pied, où l'on vous montre deux équipes de onze joueurs ne parvenant pas, durant quatre-vingt-huit des quatre-vingt-dix-minutes réglementaires, à atteindre leurs objectifs, tandis qu'un arbitre sous-payé assume la tâche ingrate d'interpréter des règles singulièrement ambiguës — sous les huées d'une foule déchaînée — on conviendra que ça n'était pas gagné ! Pour autant, *le foot* l'avait fait.

En outre, un phénomène tout aussi remarquable prenait de l'ampleur : ça *célébrait* à tour de bras.

Sur le terrain, à la suite d'un but, se présentaient deux types de célébrations.

La plus théâtrale, la plus emblématique, était apparemment destinée au *populus* — clubs de fans, écrans-accros, publics des stades et affidés. Les équipiers s'embrassaient, se cramponnaient, s'empilaient, pendant qu'une débauche de hurlements et d'incantations tribales dévalait des hauteurs du stade ; on assistait à une sorte de version gothique des méthodes du *team-building* telles qu'elles étaient en cours d'expérimentation au U.S.A et au Japon dans le monde de l'entreprise. Cet exercice était généralement précédé d'une célébration individuelle, celle du joueur responsable de l'évènement, du *goal* : ce rituel semblait s'adresser à un public plus confidentiel, vraisemblablement au seul cercle familial pour certains. Les signaux — codés — restaient difficiles à interpréter par le commun des mortels, bien que l'allégresse qu'ils déclenchaient au milieu des grappes de supporteurs, ou derrière les écrans, indiquât qu'ils répondaient à un mode d'échange et à un protocole comportemental ayant prise sur une réalité connue.

Quoi qu'il en soit prenait corps sous nos yeux la dynamique du *feel-great*, concept issu de la réappropriation de mœurs païennes, enluminées des trompes et ors des *triumphi* de la Rome ancienne, le tout livré en pâture aux attroupements du XXe siècle pour une consommation de type *fastfood à volonté*. À chaque fois, on frôlait la rupture de stock en rafraichissements variés, les pics d'audience défiaient l'Annapurna lui-même, le coût de la demi-minute d'annonce doublait, voire triplait, fourniments sportifs et produits dérivés s'arrachaient…une fête sauvage, démentielle…de quoi faire des envieux.

Époque 3

Sur les courts, le tennis puissance se généralise, évolue, enfante suffisamment de champions pour se maintenir à un taux d'audience plus qu'honnête, et au tournant du millénaire, alors qu'une concurrence de bon aloi préside aux destinées du jeu, le *Tour* vient s'écraser contre un mur de quinze années d'épaisseur que vont bâtir trois (plus un) collègues de bureau descendus de la constellation de la Grande Ourse[17]. Version intégrale du joueur total, ils sont athlétiques, surdoués, bosseurs,

---

[17] Voir ci-dessous pp. 87-104

tacticaux, résilients, assidus, inflexibles. Que ce soit un jeu, un set, ne parlons pas d'un match, l'emporter contre l'un d'entre eux relève à chaque fois du fait d'armes.

Les peuples des arènes s'enflamment devant tant d'excellence, pour leurs rivaux il devient coutumier de crier, de s'encourager face public, il faut puiser dans le fracas du volcan l'énergie vitale pour affronter les nouveaux maîtres de la discipline. Eux-mêmes se prennent au jeu, partage l'exploit de temps à autre. L'extraordinaire vista de leur tennis fait le reste.

C'est un climat, en quelque sorte, qui s'installe.

Côté gradins, ravis d'être enfin conviés à la fête de la célébration, certains se lâchent, ça fanfare, ça carillonne, on en fait plus que nécessaire.

Pourtant des malentendus persistent, occultés par la fièvre du moment : certes le joueur rugit, implore, fulmine, mais dans la plupart des cas sans réelle intention d'échanger, il libère la pression, remet son cœur et sa raison en ordre de marche pour le défi suivant, il autorise son organisme à expulser la vapeur trop longtemps confinée par l'effort, l'insatisfaction, la contention du temps court, par l'achèvement du coup parfait. Il s'agit d'un geste sportif documenté, OMS-compatible, conseillé dans les manuels professionnels[18], prescrit par ordonnance du préparateur mental. Un rituel médecin, *just*

---

[18] J.E. LOEHR *Die neue mentale Stärke: sportliche Bestleistung durch mentale, emotionale und physische Konditionierung.* 2000 München
Jürg BÜHLER *Player Development,- Bases psyché,* , Swiss-Tennis 2012

a reboot on vous dit! Rien à voir avec l'envoi d'humeurs à l'auditoire afin qu'il vous les retourne chargées d'intentions.

Ceux qui en font leur miel ne s'attardent pas à ces finesses, ils restent attentifs, pragmatiques, professionnels avant tout. Aux aguets du premier cri, du moindre écart d'âme, ils retransmettent — plan américain et ralentis 0.50x — dents animales et biceps vainqueurs, tandis qu'explose la multitude.

Immergé dans la clameur, l'échange entre le joueur et cette masse humaine est cependant complexe, va souvent plus loin que le petit théâtre dont on nous embecque. L'admiration de l'auditoire porte l'athlète, sa déception le déterre, parfois le subjugue, ses cris l'électrisent, l'indisposent quelquefois. Dans l'arène, des heures durant, beaucoup l'ont attendu, ils l'honorent en nouveau gladiateur, voudraient lui ressembler, des malvenus sifflent, il va leur montrer ce qu'il sait faire.

Remercier le public à la fin de la rencontre, ou le saluer d'une main en quittant le court après avoir perdu, ne sont pas des *must-do* protocolaires, c'est une révérence destinée à cette foule à laquelle le pugiliste a révélé une part de son intimité, de ses tourments.

Époque 4

Dans la période actuelle, celle du *post-big 4*, il est trop tôt pour établir un bilan. Nous pouvons seulement constater que chez beaucoup de joueurs, y compris parmi les meilleurs, la pratique de ce que les spécialistes appellent la *communion avec le public* se généralise, à l'appui d'une partie des gradins toujours plus bruyante qui exige que la fête soit totale.

La promesse de célébrations commence par l'affichage : trois ou quatre champions ont accepté de présenter au photographe de l'agence leur intimité buccale… les *warriors* annoncent la couleur, l'œil brille d'une haine sourde, le poing serré est en tête de gondole, le cri semble primal, le combat sera *sine missione.*

Elle se poursuit sur le court, mais varie selon les joueurs, l'entourage, l'humeur du jour dans les cintres de l'aréna. Les modes de communication sont connus, peu divers, mais ils remplissent l'objectif : avant-bras levés, regards lourds vers son clan, un rugissement retentit, la foule acclame, consomme, communie.

La gent des tournois y est pour beaucoup : elle a élargi le spectre, s'est modernisée d'une certaine façon, les plus jeunes s'affranchissent du statut de spectateur lambda, on vient *au match* entre potes, pour crier, sonner, chanter au fil des péripéties de la rencontre. Quel autre endroit dans la cité permet-il de se livrer ainsi au défouloir ? La kermesse bat son plein, des galurins de carnaval ont fait leur apparition dans le 75016, on y a entendu quelques sirènes de bateau, et des orchestres d'ambiance, sponsorisés, semblent être dorénavant autorisés à délivrer leur raffut depuis les tribunes de certains tournois. Sifflets sans-gêne et canons à confettis sont à nouveau sur les chaines de production. Toute critique est malvenue, se payer du bon temps dans les gradins de tennis est un droit inscrit dans la constitution.

Côté diffuseurs on se frotte les mains, les chaînes ne bronchent pas « *...Belle ambiance cet après-midi !* ».

Si l'on admet que cette manière de scénographie postmoderne — en principe réservée au tennis-exhibition — attire vers les enceintes de l'ATP *Tour*, et devant les écrans, de nouveaux spectateurs, elle en détourne d'autres parmi lesquels on remarque, toutes générations confondues, une forte proportion d'habitués et de pratiquants des clubs.

Ce constat posé, il reste aux éditeurs du jeu la tâche de bien examiner le pour et le contre de leur projet.

Parallèlement, quelques joueurs commencent à dénoncer les interventions d'un certain public, lequel, encouragé par l'atmosphère générale régnant dans les tribunes, tend à s'instaurer en tribunal de jour, en arbitre des élégances comportementales. Un échange un peu vif avec la chaise, un doute exprimé sur une balle, un geste d'agacement sont matière à réprimandes, sifflements et jurons percent des tribunes, ça s'agace, ça s'offusque, c'est l'attitude du joueur qui subit le verdict du peuple, selon les canons d'une morale concoctée en caisses de supermarchés et sur les réseaux sociaux.

Cela dit, on constate que dans la garde montante il est devenu assez *tendance*, à certains moments clés de la rencontre, de prendre l'auditoire à témoin après chaque point emporté, ce qui, il n'y a pas si longtemps, eût été considéré comme un manque de fairplay. Passons. Marotte de jeunesse ou mode de printemps, toujours est-il que ce concept semble faire les affaires de toutes les parties concernées.

À l'inverse, une inclination assez récente — qu'un œil affûté aura décelée — consiste pour certains champions à ne pas célébrer, sauf en quelques occasions. Le joueur est sobre, brillant, concentré, rejoint sa chaise — le set en poche — sans manifester de joie excessive. Durant le jeu, son entourage, cuit à l'étuvée, reste de marbre, façon conseil de gestion de la banque Smith & Partners. Sur le court il est d'usage de féliciter son rival pour un coup fameux, dans certains cas d'esquisser un sourire, tout comme de se livrer à l'autodérision, ultime élégance du *sportsman*. Une fois la victoire scellée, les salutations au public ne tournent pas à la crise de nerfs, et restent maîtrisées.

S'agit-il d'un retour aux valeurs originelles du jeu de tennis, assumé par quelques joueurs peu friands des excès d'agitations qui gagnent les tribunes ? À défaut, assistons-nous au début d'une tendance de fond qui prendra de l'ampleur ? Comment les chaînes, grandes consommatrices d'hyper-célébrations, vont-elles se comporter face à ce phénomène ?

Pour l'heure, les petites cliques de *compañeros* venues assister *au match* dans l'intention de faire la foire devant un combat au couteau, sont un brin décontenancées face à tant de réserve, mais épanchent leur soif de baroufs et multiples chanteries en adoptant l'adversaire — l'autre — certes pas un premier choix, mais un garçon qui se bat, et célébrationne à gogo, des bras et du larynx, ses succès éphémères.

*

Marchés du Dimanche
Regards depuis le TC Marieland

Les Esprits du jeu n'ont pas comme seuls aliments les constituants du duel sportif et les clameurs des foules en liesse, ils ont aussi besoin de combustible.

Viennent les marques. Elles ont nécessité absolue de communiquer, de toucher le plus grand nombre, sport-spectacle et business sont nés pour s'entendre, c'est aussi vieux que le monde. Investir à bourse déployée des sommes faramineuses dans l'environnement des luttes sportives — afin de promouvoir son image ou de présenter les nouveautés de son catalogue — est un syndrome financier qui semble atteint de croissance perpétuelle.

Rassemblés pour la finale devant la TV écran-large du Tennis-Club Marieland, beaucoup d'entre nous, sans doute dépourvus du pouvoir d'évocation, ne comprennent toujours pas les ressorts du processus alchimique qui devrait transformer : 1— le *feel-great* généré par l'appropriation émotionnelle des succès de notre joueur favori ; 2— associé à la scénographie d'un artiste solitaire jouant du trombone face à une meute de loups dans un environnement semi-désertique crépusculaire; 3— en une envie irrépressible de consommer.

Dans tous les cas, en ce qui nous concerne, ça n'opère pas. La seule réaction que cela provoque, entre amis du dimanche, consiste en une certaine compassion vis-à-vis de ce musicien courageux dans l'éventualité où la meute, durant le tournage, aurait décidé de mettre un

terme à l'entracte musical afin de passer aux choses sérieuses, c'est-à-dire le repas du soir.
Mais d'envie soudaine du produit présenté, nenni. Il s'agit à l'évidence d'une affaire de professionnels, d'une micro-stimulation des instincts d'acquisition, monitorée par des spécialistes de la psyché consumériste.
Pour être franc, le message reste obscur.
Parallèlement, les concepts alambiqués que tentent de matérialiser les multiples annonces d'entre-jeux nous présentent le véhicule automobile comme une manière de vecteur d'émancipation — qui nous permettrait le passage vers un monde meilleur où pourrait enfin se révéler notre identité vraie, et s'épanouir nos valeurs familiales — se démantèlent en un instant au contact de ce maquis hostile et barbare qu'est devenue la RN reliant le TC aux faubourgs de la ville.
À l'inverse, la réclame à l'ancienne, autrement dit le placard en pleine face disposé sur les infrastructures de l'aréna, possède des mérites reconnus par tous.
Au TC Marieland ça fonctionne parfaitement : pendant que les caméras balaient lascivement les panneaux assurés-bancaires des courts, Jean se rappelle qu'il doit appeler son conseiller mardi matin pour une prorogation de découvert ; Alain, réveillé par les couleurs affriolantes de l'affichage, passe en revue, de mémoire, ses différents comptes et placements numéraires, ce qui lui procure un petit chatouillis de jouissance, et lui permet de s'extraire un instant de la dramaturgie de ce

cinquième set interminable ; Michel se remémore, l'estomac étréci, que son assureur a refusé le remboursement de la paire de skis neufs disparue du toit de sa voiture un dimanche alpin de janvier.

Là où les choses se compliquent, c'est quand l'annonceur en affiche est un parfait inconnu, et que rien ne nous permet de deviner son commerce. Est-il question de taquiner notre curiosité, de nous encourager à interroger notre *smartphone* sur les us et coutumes de cette mystérieuse griffe ?

Quant aux équipementiers, pourvoyeurs du chic tendance-sport, le débat est clos, le gouvernement des anciens a passé, nous n'avons plus droit à la parole, ce sont nos enfants qui prennent les décisions. Dans ce siècle de nouvelles lumières, notre apport à l'encyclopédie des marques se résume à la composition de codes secrets, ouvrant les vannes de cartes à puces conditionnées pour le combat de haute intensité. Nous sommes relégués au statut d'adulte consentant, hors de question de tenter un échange d'opinion avec notre progéniture sur la couleur, la taille, le style, nous devons nous exécuter dans la demi-heure sous peine de représailles.

Pour cette industrie — si toutefois ce message a un sens — aucune nécessité de dépenser des fortunes à communiquer, la chose paraît posséder sa propre dynamique.

*

Le Coaching Open-Bar
Une révolution post-industrielle

Miguel est seul au milieu de l'enceinte chauffée à blanc. Seul face à sa détresse, à la crainte de mal faire qui alourdit ses jambes, sans amis dans les gradins sinon quelques voisins et amis venus de Córdoba, qui tentent d'une voix rauque de lancer une roulade.

Paris, Roland G., un troisième tour de tranchées contre une vedette nationale. Le pire tirage de l'année pour Miguelito.

Il jouait à merveille, défiait une foule hurlante, menait par deux sets à rien, et par cinq jeux à trois dans le troisième set. Les commentateurs TV en perdaient leur syntaxe.

Puis, soudain, 5-5. Sur quelques points bien négociés le régional de l'étape s'est rebiffé, il est dans la configuration qu'il affectionne par-dessus tout : un genou à terre, aux limites de l'apoplexie, il se redresse, se révolte, entame une 'remontada' d'enfer, il grignote Miguel par la racine, le public s'asphyxie de joie, semble le porter. Le 'frenchie' est coutumier de ces retournements de situation, de ce scénario façon Edmond Dantès, il ne sera jamais un des grands du jeu, il le sait, c'est trop dur, mais il veut s'incarner en héros devant le peuple des arènes, le temps d'un match aux frontières de l'enfer, une ou deux fois l'an, sur les gros tournois, ça suffira, au moins ça.

Miguel sent le poids des reproches s'abattre sur ses épaules, il ne veut personne regarder, surtout pas ses proches, il se ferme, dans le public ça chamaille, la chance a changé de camp, quelques sifflets s'échappent du haut des tribunes. Plusieurs occasions manquées, à deux points de plier le match, l'ont décharné, il se remémore les conseils de son coach, ses derniers mots de combat avant de prendre le chemin du central : « Sois de fer ! »

La joute se mue en drame. Oratorio 'Le Jour du Jugement' version P. Chatrier.

Pour nous qui sommes au spectacle, commence alors notre chemin de Compostelle-France 2 ...nos yeux ne quittent plus Miguel, chaque point, chaque jeu est une étape, nous l'avons choisi, nous cherchons dans son regard les signes de son courage, de sa rébellion, nous communions avec lui au fur et à mesure de son aventure — ne pas se laisser distancer — gagner ce point à 30/15 — double faute — ne pas se décourager, Miguel a-t-il remarqué que le français n'est plus aussi dominant en revers croisé ? Qu'il cherche son souffle ? Relace souvent ses chaussures ? Nous devenons tous des coachs de niveau mondial. Entre les points, les cameras s'attardent sur les grimaces des joueurs, fignolent les plans de coupe : une spectatrice de la travée ouest arbore un décolleté nord-sud renversant, quatre secondes sur la mimique entendue d'un acteur de cinéma venu se cacher dans les loges VIP ; les objectifs zooment à nouveau sur les joueurs, Miguel semble déterminé à mourir debout, ses yeux sont au loin. On a droit à quelques instants hertziens sur le coach, immobile, assis en tribune au milieu de la famille, carnet de notes en main, qui tente de se soustraire aux objectifs des caméras.

De l'autre côté du filet le lion français montre des signes d'impatience, il mène 6-5, tourne en cage, attend, dos bandé, que la grille se soulève.

Il va emporter ce troisième set. Les deux suivants pareillement, sous un déluge d'allégresses.

La chaîne nous montrera ici un enfant qui explose de joie, là une jeune femme horrifiée, main au visage, lorsque Miguel ratera une volée sur la balle de match, un coup immanquable, qui l'aurait ramené à 40-40. Fin du spectacle. L'arène se vide, sur les plateaux place aux experts, aux coachs générationnels, aux commentaires tactico-psychologiques, précédés d'un corridor publicitaire...

Cela, c'était autrefois.

Durant les matchs, chacun restait à sa place, remplissait son rôle, les entraîneurs prenaient des notes, les préparateurs physique s'agaçaient, les athlètes luttaient, les sponsors tendaient leurs toiles, chaînes et annonceurs s'occupaient du temps libre, adhérents des bouquets et amateurs en tribune se partageaient la pitance pendant qu'à l'avant-scène — bronzés saintrop et raybanizés noir opaque — quelques mandarins et leurs agents de change se congratulaient, des fratries estivales s'encanaillaient, de jolies inconnues exhibaient leurs atours, les enfants, bariolés, aux anges, s'égosillaient.

Puis vint l'autorisation du coaching en match[19]. Peu connaissent, pour l'instant, tous les ressorts qui ont encouragé l'institution à accepter que ce dispositif s'installe au bord des courts. Plusieurs versions circulent.

Est-ce une forme de jalousie vis-à-vis d'autres sports ? Comme le basket-ball et ses *temps morts,* lorsque, musique à fond et retransmission en caméra portée, le coach dispense à tue-tête, pour des géants ruisselant de sueur, la stratégie salvatrice sur une planche de plastique blanc ? Le *foot* peut-être ? Quand les bondissements du sélectionneur dans sa *zone technique* deviennent indissociables du spectacle délivré aux foules ? À défaut s'agit-il d'une thérapie contre-intuitive, en réaction aux pratiques anglo-saxonnes du *Rugby Union*, où l'on voit les membres du staff — moue dubitative et casques audio rivés aux tempes — accueillir l'essai de leur équipe sans qu'un seul muscle de leurs visages ne bouge ? Quoi qu'il en soit, dès qu'il fut déployé, ce procédé devint pour beaucoup un objet très déconcertant, car au-delà des modifications qu'il engendra dans le comportement de nombre d'acteurs et de diffuseurs du jeu, il révéla en

---

[19] Suivant l'exemple du circuit WTA féminin, l'ATP autorise, à compter du 22 juillet 2022, le coaching en match depuis les tribunes, selon un cahier des charges en quelques points. Prévu à l'origine pour une période d'essai de six mois, cet arrangement est validé le 01-01-2025.

pleine lumière l'étrange culture de management de ces PME que sont les meilleurs joueurs du monde.

Jour de match.

Tout l'effectif de l'entreprise, façon séminaire de *bonding* à Évian-les-Bains — ensemble léger, polo de marque et couvre-chef ad hoc — investit l'aréna. Mais contrairement aux habitudes prises depuis les débuts de l'ère industrielle, les employés rejoignent plusieurs fauteuils d'orchestre réservés à leurs noms, accompagnés de la famille de l'actionnaire, pendant que ce dernier, en bleu de travail, outils à l'épaule et démarche lourde du bucheron, se présente sur le court. C'est lui qui est chargé de mettre les mains dans le cambouis, sans compter son temps, sans se plaindre, il va suer, trimer, s'exténuer pour défendre les valeurs centrales de la boite et assurer la pérennité du compte d'exploitation.

C'est le modèle entrepreneurial tête en bas, un agencement qui met à mal tout l'édifice capitalistique patiemment construit depuis le 18 brumaire An VIII. Par ailleurs, ces nouvelles normes permettent des avancées syndicales qui sont plutôt alarmantes si l'on se place du point de vue du patronat, puisque les membres du personnel — alors que l'actionnaire est à la tâche — peuvent, quand ils le souhaitent, lui donner des avis, voire des consignes sur sa façon de gérer les intérêts de la firme, sachant qu'il leur arrive de passer aux réprimandes. Il est vrai qu'ils sont payés pour ça, mais de là à darder le *boss* trois heures durant tel un cheval de labour ! Quand on sait que la famille, au surplus, a tendance à formuler un avis, voire à prodiguer des conseils de temps à autre, on prend conscience qu'au sein d'une opération de ce type, deux méthodes managériales doivent s'affronter âprement, entre les défenseurs d'une forme de Taylorisme appliquée aux procédures des PME, et ceux qui prônent les concepts d'une gestion plus libérale, telle que l'a prêchée Mary P. Follett.

Comme on le sait, auparavant, toute forme de coaching était proscrite sur le circuit professionnel masculin. Pas un mot-pas un geste, sous peine de sanctions.

Beaucoup d'amoureux du tennis se souviennent avec nostalgie de cette époque bénie, quand le spectacle en tribune était de qualité, principalement grâce aux trésors d'imagination dont faisaient preuve les staffs pour transmettre en douce des conseils à leurs joueurs.

Rivés à l'écran 59-pouces du TC Marieland, nous étions face à une sorte de rébus à taille humaine, nous recherchions la signification des signes protocolaires que tissaient — avec mains, sourcils, grimaces, casquettes, lunettes — les entraîneurs, faisant en sorte que leur manège ne soit pas décelé par l'arbitre ou la direction du tournoi. Nous étions reconduits dans les temps anciens, quand les peuplades échangeaient des informations d'une colline à l'autre par des jeux de fanions ou des lames de bois.

Nous avions constaté que certaines équipes étaient parvenues à un niveau élevé de sophistication, étant capable de transmettre à leurs émules, grâce à une grammaire gestuelle perfectionnée, des instructions aussi complexes que `*sert son coup droit en 2ᵉ balle, mais kické*'. Nous comparions nos notes, tentions de casser le codage de ces Enigma du *Tour*, tenions des registres, organisions des paris, des remises de prix, on noyait nos trouvailles dans des litres de boissons à degrés, hilares, admiratifs de même.

Parfois nous fûmes récompensés. Il y avait, en prime, un spectacle dans le spectacle, car si par malheur le coach de l'un des joueurs commettait une confusion dans les signes, soit qu'il oubliait de revenir à la position neutre entre deux points, ça tournait à l'accident industriel, le joueur ne comprenait plus rien, fixait son staff la rage aux yeux, le *prépa* contemplait un drapeau au haut des tribunes pour détourner l'attention de l'arbitre. Un ou deux points cruciaux — sinon un jeu — pouvaient être perdus sur ce type de défaillance.

En outre, il se disait que, chez les athlètes, nombreux étaient ceux qui se plaignaient du pensum consistant à réviser, la veille des matchs, le protocole de la signalétique du lendemain que l'on glissait sous la porte de leurs chambrées après le souper.

On peut comprendre pourquoi la mise en place expérimentale du nouveau modèle, en juillet 2022, fut accucillie, chez les équipes du *Tour*, par des cris de joie et des applaudissements nourris.

Sous la nouvelle règlementation, le coaching par signes fait partie des modes de communication autorisés. Pour autant, l'encouragement verbal rudimentaire, de style jockey-à-son-cheval, parait être majoritairement privilégié.

En revanche, si comme le prétendent certains connaisseurs, le langage des signes est parfois utilisé, il doit s'agir d'une version très améliorée, car la gestuelle des accompagnants ne semble, a priori, rien dissimuler d'important.

Les diffuseurs, quant à eux, ont immédiatement validé cette nouvelle autorisation de communiquer entre coachs et joueurs. Il faut reconnaitre que les vingt secondes qui séparent deux points sont devenues une éternité au pays de la fibre et de l'ADSL, il est impératif de ne pas laisser l'abonné livré à lui-même, il pourrait penser à autre chose, quitter un instant le canapé TV pour une pause frigidaire, se lasser, ou — plus grave — naviguer au gré des bouquets et tomber sur un programme plus distrayant. Malgré l'humour boute en train et la petite musique d'entre soi dispensés par les intervenants des chaînes, des silences s'installent, les secondes s'égrènent, il faut meubler, présenter de l'intime, de la substance humaine, ainsi la vie du *clan* — au gré des vicissitudes de son joueur — devient-elle un élément organique du spectacle, à l'égal du chœur des théâtres antiques.

Sur les écrans, place, donc, à l'émoi. Traumas, fièvres, ivresses, genoux encollés, frissons, sourires inquiets, exaltations diverses traversent *le box*, les cameras furètent, se calent, segmentent, nous dévoilent le staff en plein vaudeville : le joueur réussit un contre, gagne un jeu, et tout l'entourage se lève — applaudir, serrer le poing, faciès du guerrier, conquérir, la victoire est une affaire sérieuse, l'agressivité une denrée transférable.

Quand l'athlète trébuche au score, rate des coups faciles, les visages s'assombrissent, le regard de l'entraîneur en chef devient accablant, il jette trois abois vers le court, ou tel un centurion d'opérette se met debout en silence, alors que le *prépa* physique, l'air inquiet, risque un *C'mon* de détresse. Les parents semblent totalement dépités — ils ont fait tant d'efforts, depuis si longtemps, le chérubin n'a pas droit à l'échec — aussi lorsqu'au bout d'eux-mêmes, ils interviendront, on aura presque les larmes aux yeux.

Certaines équipes adoptent une approche plus didactique, plus scolaire oserait-on dire, une sorte de contrôle continu visant à peaufiner les réglages à mesure de l'évolution du jeu : après chaque point un petit dialogue s'installe entre le *box* et le court, les amplificateurs vocaux des chaînes sont à l'affut, les caméras filment, nous sommes conviés à être les témoins privilégiés de ce conciliabule pédagogique. Aussi est-il recommandé à l'abonné de maitriser deux ou trois langues étrangères, y compris sous leur forme argotique.

En ce qui nous concerne, au TC Marieland, avec les amis, *nous préférions avant*, selon la formule consacrée, ... ne pas savoir, ne pas tout comprendre des énergies qui nourrissaient le duel entre deux joueurs de même talent, seuls habilités à gérer leur propre destin. Le mystère des émotions qui les étreignaient, leurs audaces surgissant de nulle part, leur force mentale mise à l'épreuve, les changements de tactiques — alors que tout ne tenait qu'à un fil — entretenaient la légende, gardaient l'athlète en son cénacle.

Dorénavant, à notre corps défendant, on nous immisce dans l'intimité du *clan* en caméra cachée, nous sommes contraints d'assister à la fabrication de la cuistance, par séquences de quatre secondes, un projet peu ragoutant, qui va tuer le mythe, on ne croira plus au narratif de notre héros, on va détester ses subalternes, leurs admonestations vont devenir insupportables, leurs mimiques en plans de coupe ridicules, leurs encouragements incongrus, et lorsque au bout de lui-même, le joueur, après trois fautes directes de suite, leur adressera des insultes, on applaudira à tout rompre, le schéma organisationnel du management aux normes OCDE sera de retour : c'est l'actionnaire seul qui gère, qui décide, point barre.

Pour clore ce sujet sur une note positive, on entend depuis peu — de sources non encore vérifiées — que les instructions orales aux joueurs étant parfaitement audibles grâce aux retransmissions audio-augmentées des chaînes, un codage verbal de dernière génération serait dorénavant testé par certaines équipes. C'est ainsi qu'au TC Marieland, toute une classe de décodeurs — qui se considérait abandonnée par le sort depuis juillet 2022 — se retrouve à nouveau, papier-stylo en main, boissons-sandwiches sur les genoux, absorbée par le captivant déchiffrage du langage crypté des PME du Tour.

*

Coupe Davis
(*sous format kosmologique*)

Quand le lucre,
en pantacourt,
s'invita à la table de l'histoire.

ÉPILOGUE

Gaspard Delaunay-Caster — spécialiste du 200 mètres olympique — émerge d'une nuit trop courte. Les draps *25%coton-protégé - 75%fibres-polyester-recyclé* de son lit deux-places sont saturés de transpirations. À 03h35, l'athlète a pris la décision de couper la climatisation, après que sa chambre a été transformée, au terme d'une lente agonie, en une cellule de modèle sibérien — version URSS — au ciel de laquelle des stalactites bleu lavande commençaient à se former.

Il tire le rideau en toile plastique de la fenêtre d'un bras lent, découvrant une aube primitive. Le désert semble assoupi. Il s'allonge à même le sol que recouvre une fine moquette en fibres de nylon tressé, où plusieurs bandeaux humides paraissent avoir piégé quelques parcelles de fraicheur. Refroidir - dormir - mourir.

Le rêve — mais s'agit-il d'un cauchemar ?

Le rêve de ce premier morceau de nuit — de cette nuit dantesque — se rappelle à lui dans ses moindres détails... Le stade déborde de spectateurs, comme lorsque le lait boue à gros flocons. Nuit d'encre, parkas rouge et noir, projecteurs en feu, vapeurs blanches des naseaux.

La course est lancée. Les huit coachs des sprinters sont séparés en deux groupes de quatre — répartis de chaque côté de la piste — chacun assis dans un *cart* monoplace glissant sur un rail individuel.

Gaspard atteint le virage en deuxième position. Restent la centaine de mètres où tout éclate. Ses poumons brulent, ses genoux entrent en contact avec ses seins à chaque foulée, Ben Murales, l'amazonien, est sur ses talons, ses pieds claquent comme deux tomawaks. Gaspard tente de se relever, de libérer son cou, impossible, la piste est de guimauve. Depuis son *cart*, Vlad, son coach de *toda la vida*, semble s'époumoner, cravacher la bête par de grands moulinets des bras, les yeux rivés à son écran de biométrie. Privé d'implants auditifs, Gaspard ne l'entend pas, mais constate son air horrifié alors que Murales vient de lui voler sa deuxième place au mètre 127. Le tumulte des autres coachs — avec leurs grincements de chauve-souris — est insoutenable, ça l'estomaque. Puis, tout à coup, comme par magie, en syllabes métalliques, les cris de Vlad se matérialisent, retentissent comme calibres d'assaut : « *...Attends !* ATTENDS *!! Garde du jus* OK *? Garde* DU JUS *! Non, NON !* PAS ENCORE *! Ah l'animal ! ...OK !* VAS-Y MAINTENANT *! Donne* TOUT *!* VAS-Y *!* ALLEZ *! ÉCRASE putain... !* ÉCRASE TOUT *!* »

Rêver un cauchemar
n'est pas prérogative d'étourneaux.

AU NOM DES QUATRE ÉLÉMENTS

LE BIG 4

> Qu'est-ce que le beau,
> sinon l'impossible ?
>
> Gustave FLAUBERT, *Pensées*

Au Commencement

Contrairement à d'autres artistes, les grands champions du tennis n'ont pas toute la durée d'une vie pour déployer leurs talents. À l'égal des papillons, l'odyssée ne dure que quelques soleils. Faut-il voir, dans ces éphémères, la raison pour laquelle leurs exploits nous fascinent tant ?

2022. Laissant orpheline une partie de la planète, un Helvète quitte le champ de la vie active, lauriers au front, son banquier en pâmoison, à l'âge ou nous-mêmes, pauvres Celtes laborieux, achetons notre premier SUV sans l'aide du crédit consommateur.

Pas de raison d'être jaloux pourtant, avec les amis du TC Marieland nous lui sommes tous reconnaissants, on lui doit presque tout, il nous a étourdis pendant quinze ans. En plus, on a eu droit à un festin de rois, du rab à la en veux-tu en voilà, une histoire de dingue.

Ça s'est passé comme ça : mise en place du nouveau millénaire, ça fleurait bon les lointains horizons, les confettis saturaient les rues du 01-01, le NASDAQ battait la chamade avant de s'effondrer, on était à fond dans le sujet.

L'Olympe — qui, comme chacun sait, porte depuis toujours un œil bienveillant sur le jeu de tennis — avait décidé pour marquer l'occasion, cette fois entre toutes, de voir grand, de faire dans le sublime, de nous envoyer du massif.

Marat, Pete, André et les autres étaient encore sous la douche qu'on voit débarquer un, puis un autre, puis un troisième escogriffe à peine sortis de l'adolescence, des jeunes ogres au sourire d'ange, des mecs invraisemblables qui annoncent la couleur — ils vont tout bouffer, comme jamais. Rejoints plus tard par un Picte adulé par tout un peuple, ils ne laisseront que des miettes à la communauté du *Tour* durant une quinzaine d'années.

La Providence ne voulait pas être en reste pour l'occasion, nous eûmes droit à quatre styles, quatre personnalités tennistiques différentes, quatre parcours d'obnubilés du jeu, depuis l'adolescent timide et capricieux au jeune homme affamé, puis à l'adulte impérial, tous gardant enfoui le secret de l'énergie qui les irradia le jour de leur première raquette, quand, enfants prodiges, ils tombèrent en passion pour la vie.

Leurs rivalités sur le court furent à chaque instant homériques, leur respect pour les traditions du jeu sans compromis, et ils laissèrent, un sourire aux lèvres, les scribes graver le marbre, légender à qui mieux mieux, dresser les listes et les tableaux du plus fort, du plus grand, du record de ceci, du meilleur cela.

Mais revenons aux jours de la création.

Parmi le personnel de l'Olympe, il se disait que le concept des quatre éléments n'avait pas été symbolisé de manière satisfaisante depuis la relecture, par Aristote, de la théorie d'Empédocle d'Agrigente.

Réunion au sommet. On discute. Un comité d'éthique est désigné. Planche. Rend ses conclusions : les circonstances sont favorables — un début de millénaire ça n'arrive pas tous les jours — il faut faire le nécessaire[20].

---

[20] N.B. : Les articles qui suivent (pp. 92-104) reprennent l'agencement que présente Aristote dans son hypothèse sur la constitution de l'ordre terrestre (ds.l'Univers au point de vue cosmologique) : la terre, au centre, puis l'eau, l'air, et le feu.

La Terre
Novak Djokovic, *le terrasseur des lices*

L'histoire commence comme un banal entraînement un lundi de relâche. La sueur n'apparaît pas au front, les balles s'échangent sans animosité, les points défilent, on est au réglage des carburateurs. Certes Novak vous devance au score, mais il n'est ni belliqueux ni particulièrement manœuvrier, il vous répond, c'est tout, et quand il faut gagner le point qui compte, il pose aux quatre coins du court les balles qui font le *job*.

Insidieusement une sorte de doute sur le futur lointain s'est emparée de votre mental, le spectre menaçant d'un fatal destin semble prendre forme par touches successives, ce sont les premiers coups de pelle qui ouvrent le sol sous vos pieds.

Le set n°1 est avalé sans véritable suspens, sur quelques points, mais principalement par l'installation d'une évidence quant à votre incapacité à prendre l'avantage aux moments décisifs, quelle que soit la situation.

Set n°2. Le ton monte. Vous jouez bien, très bien, tout à coup il fait plusieurs services calamiteux (sa faiblesse d'antan), sur une deuxième balle vous vous ruez au filet, posez une volée amortie d'anthologie, vous menez 3-2, 15-40, le public commence à frémir, certains vous crient quelques encouragements dans une langue inconnue. Serait-ce pour aujourd'hui, pour maintenant ? Le maître va-t-il subir son premier break de la semaine ? Une odeur de poudre flotte dans l'atmosphère ; lui, impassible, fait rebondir sa balle au sol cent fois avant de servir… Est-il en train de chasser des pensées parasites ? Se passe-t-il en bande-annonce la motion de son geste, comme le lui ont mille fois répété ses entraîneurs ? Pense-t-il à ses enfants ? Au match de la veille ? À la tension de ses raquettes ? À Rafa ? À Rog ? Ou encore déambule-t-il dans les soutes de son immense arsenal, choisissant avec précaution les coups et le schéma tactique qu'il va utiliser ?

Le silence envahi l'aréna. Il réalise deux aces, à peine applaudis.

40-40. Dans les gradins, un certain désappointement se matérialise, ça marmonne, quelques-uns sifflent, un ado égaré entame l'air de corrida, d'autres vous crient des *c'mon* érayés. On perçoit que l'auditoire ne semble pas totalement rassasié par ce récitatif…trop simple, trop évident…le fatalisme qui s'empare du score peut frustrer, on connait la suite, c'est comme lorsqu'on relit *Jeu de Massacre* de J.T Rogers pour la troisième fois, le texte reste souverain, captivant sans doute, mais les émotions sont maitrisées, l'intrigue, le dénouement, sont choses connues.

Novak, de son côté, est en phase ascendante. Son front se tend, regard sombre, glaçant, il expédie les deux points suivants comme un commissaire aux comptes, avec logique et sang-froid, sans fioritures ni excès de zèle. Vos espoirs sont en cendre.

4-4. À vous de servir. C'est alors que les coups de pelles réapparaissent, réguliers, implacables, des coups sourds délivrés sans pitié, ce ne sont pas des insultes, ni des raisonnements, le ton est froid, l'allure méthodique, ce sont des vérités qui s'imposent. Vous tentez le tout pour le tout, vous lui présentez la totalité du répertoire… slice, topspin, amorties-lob, changements de rythme, agressions extérieur-ligne… À tout instant il donne l'impression d'avoir lu dans votre jeu, anticipé vos intentions les plus secrètes.

Afin de vous faire percevoir la hauteur du sommet qu'il vous faudra gravir, il réussira un ou deux coups quantiques, à la Federer, non parce que c'est son jeu — il lui faudra s'exacerber — mais pour vous préciser que si nécessaire, il poussera la machine jusque-là.

Novak gagnera le troisième set porté par une énergie froide, dans une manière d'inhumanité. Rigoureux, dur au mal, implacable, il joue sous le drapeau d'une terre natale dont le nom sonne comme un coup de sabre, orgueil, souffrances, histoire, il y puise les énergies telluriennes qui le mèneront à la victoire, aux victoires.

Il finira de creuser votre tombe, ni trop grande ni trop étroite, avec respect et précision, tout en vous laissant l'espace nécessaire pour quelques coups d'éclat et deux ou trois jeux de rébellion. Au moment de la poignée de main, vous lirez dans ses yeux la satisfaction du travail bien fait, la réalisation du projet… *Job done, nothing personal mate*, juste un constat, avec un petit mot d'encouragement et une tape sur le ventre. L'odeur de cette défaite vous colle à l'âme. À la prochaine rencontre, elle vous accompagnera, en passagère clandestine.

De la belle ouvrage.

Alors que les nouveaux promus entrent dans l'enclos pour occuper les sièges qui se libèrent, Novak laisse apparaître, de temps à autre, les manifestation de la fatigue. Cependant l'échec reste une matière mal connue, sa volonté de finir en tête, de fignoler des séquences, de tendre des pièges sur un court de tennis, est intacte.

Cinq cerceaux de couleur plus loin. Moisson engrangée. La fin semble s'annoncer. Peaufiner les images finales de l'épopée, gagner encore le cœur des agnostiques, assumer la charge de dernier des Mohicans, contourner les pièges tendus par les petits fabricants de légendes. Ultime labeur du magister avant que la porte ne se ferme.

L'Eau
Andy Murray, ou *comment noyer son adversaire*

...On ne sait pas si ça va. Andy semble sur le point de renoncer, il vient de commettre une faute directe après un échange interminable. Premier point du deuxième set. Sa mère, Judy, impassible, lui jette un regard de glace, il revient vers la ligne de service en boitillant, un rictus de souffrance au visage. Les intervenants TV, toujours à l'affut de l'évènement, annoncent qu'il y a « *...peut-être quelque chose qui cloche* ». Vous, vous le connaissez trop pour savoir que, chez Murray, cette petite chorégraphie est sa façon de vous annoncer que la conversation galante est terminée.

Vous venez de perdre le premier set 3-6 sans vraiment avoir eu l'impression de mal jouer, ou de rater beaucoup. Les points ont souvent été disputés, il y a toujours eu une balle de plus à jouer, d'un côté du court à l'autre la respiration semblait vouée à vous abandonner, comme lorsque l'on s'éloigne du rivage à la nage et que l'air commence à se faire rare.

Vous vous préparez à servir. Il se positionne, un tantinet lourdaud, il attend, puis une fraction de seconde avant que vous ne frappiez la balle, il se met en mouvement, sans précipitation, plutôt comme le ferait un tigre tiré sa sieste, mais il est parfaitement placé, retourne, son revers de référence est un mécanisme bien huilé, sa balle rotationne, obéissante, précise, elle paraît vous inviter à prendre l'initiative, sans fourberie pour autant, comme si Murray cherchait, sur chaque frappe, à améliorer ses ajustements sans se soucier de vos intentions.

Il boise un revers plus court, la porte est ouverte pour une agression — autant franchir le pas — en vous décalant vous décochez un coup-droit croisé à plat qui s'en va lécher à pleine vitesse la ligne côté couloir.

Fidèle à son rituel il parait quelque peu emprunté, se présente cependant dans la zone de frappe, et ça revient en miroir, mêmes spécifications, même zone chez vous, la balle pèse deux tonnes.

S'ensuit le chat et la souris. Vous commencez à vous enfoncer dans les eaux boueuses du lac, et au moment où l'échange semble installé, il délivre un coup qui vous anéantit. Vous avez l'eau sous les aisselles, une lente marée s'avance, encore deux services — vous claquerez deux premières bien frottées — qu'il retournera dans un cri de douleur, à chaque fois, mais sa balle vous sera livrée en p.c.v., c'est vous qui paierez la note.

Dans le feu du combat il ira chercher quelques balles impossibles, afin de vous rappeler que ça, il sait faire.

Alors qu'il avait encore un physique d'échalas, du haut de ses quinze ans, il construisit son tennis sur les terres de Catalogne en écœurant une entière génération de juniors. Il y apprit l'art de construire de l'espace entre ses rivaux et lui-même.

Devenu maître dans l'art de l'esquive, dans la science de la fatiguation du rival, c'est Ivan Lendl qui lui enseignera l'heure du coup de grâce.

Au printemps passé les jambes étaient plus lourdes, le genou droit restait capricieux, mais la hanche de métal assumait sa mission et le bras était là, magistral, l'œil était immaculé.

Décidé néanmoins à franchir le gué que d'autres hésitaient encore à approcher, il a renoncé à poursuivre l'aventure et a laissé, dans la caldéra du Centre Court, quelques larmes ensemencer le gazon qui le porta aux nues.

L'Air
Roger Federer, *l'homme aux semelles de vent*

C'est comme se battre contre un souffle. Aujourd'hui, à votre grand dam, vous constatez immédiatement que *Rog a chaussé ses dancing shoes*[21].
Du Noureev sur une fugue de Bach.
Le sol est effleuré deux, trois, quatre fois dans la seconde, la pointe de ses chaussures siffle dans le silence ébahi de l'aréna, l'athlète ne se déplace pas, il vole d'un appui l'autre.
Dès que le jeu se durcit, le récital commence. Vous, vous débitez votre leçon du mieux possible, en écolier consciencieux, en premier de classe, vous fûtes dans le *top10* mondial junior, ça en impose dans les allées du centre, dans la sphère commentatrice, vous placez vos coups de droite, de gauche, vous voulez, vous variez, vous trimez ; sa balle vous revient, véloce, agile, vorace.
Lorsque, surpris par l'un de vos revers à la lourdeur de plomb, il parvient à se placer sur la diagonale, et qu'il ne lui reste qu'un souffle pour délivrer sa frappe, vous ne jubilez pas, non, mais malgré tout un petit relent d'optimisme vous taquine l'estomac. Contre n'importe quel autre joueur du *Tour*, votre ascendant à ce moment du point va porter ses fruits ; vous avez répété cette séquence tant de fois, aujourd'hui, maintenant, la mathématique de l'entraînement dédié va triompher.

---

[21] Expression entendue dans les vestiaires du *Tour*.

Or c'est l'instant que Federer choisit pour délivrer un coup venu d'ailleurs, l'intention est illisible, la trajectoire improbable, la précision au micron, mais par-dessus tout le coup est beau, somptueux de fluidité et de sublime inspiration.

Quand il joue comme ça, les principes physiques de la résistance de l'air à un objet en mouvement ne s'appliquent pas, l'air est son allié.

Vous ne baissez pas les bras, votre résilience est bien connue, vous allez lui donner du fil à retordre. Après quelques dizaines de minutes, le constat est sans appel, une domination cérébrale, territoriale, organique, s'est installée.

Comme toujours, certaines séquences du jeu de cet adversaire vous laissent sans voix, dépassent le cercle technique et physique des codes de l'affrontement tennistique. Lui, sans doute, sait. Ou bien l'accepte-t-il tout simplement. Il a conscience que cette manne existe, que des liens secrets sont tissés entre eux, qu'elle est bienveillante et qu'elle lui ouvrira la porte en temps et heure. Il en est de même de la main de Picasso, de la plume de Joyce, de l'air de la Romance dans le K 466, rien n'est induit, encore moins agencé, jamais raisonné, ces traits d'énergie jaillissent de l'éther et viennent se consumer dans le vif des grands créateurs.

Le nombre d'options à votre disposition pour le faire trébucher s'est réduit à peau de chagrin.

Au milieu du deuxième set, il fait une ou deux fautes directes, semble gagné par la frustration, perd deux jeux en bougonnant. En sourdine.

Il est temps, vous devez lui imposer un défi physique, le faire travailler, il ne reste que ça.

C'est peine perdue, autant essayer de finasser avec Tyson, ou de trotter à côté d'Usain Bolt. À quoi bon s'obstiner, chacun le sait, Federer s'est pourvu du meilleur entourage pour soigner son corps, il reste méticuleux dans sa préparation physique, intransigeant dans son hygiène de vie. Doté depuis le berceau, il est, avant toute chose, un athlète exceptionnel.

Durant les derniers jeux du match, il vous démontrera — sans la moindre arrogance — que mener une carrière pareille, c'est aussi savoir se montrer impitoyable le moment venu, avaler les points, les matchs, les victoires, avec la férocité d'un carnassier.

Le Feu
Rafael Nadal, *el hombre 110%*

Quand il met les pieds sur le court, acclamé par toute une foule en extase, il ne dispense pas d'ombre derrière ses pas, le feu le précède, comme une tranchée de lave qui mène au cratère.

Vous êtes le premier à entrer dans l'arène. Les applaudissements sont assez fournis, mais certains sont lourds, de même façon que si une partie du public vous félicitait déjà pour votre belle résistance. Vous qui dans les deux heures sortirez la tête basse, couvert de cicatrices.

Cela fait déjà de nombreuses minutes que Nadal a dépassé la frontière des 90% de concentration. Il a suivi avec méthode, presque religieusement, ses rituels d'approche. Les quelques fragments d'énergie mentale restés disponibles sont utilisés pour répondre, du bout de la main et d'un demi-sourire, aux cris des tifosis.

Il organise, sans se hâter, son environnement, le sac ici, l'autre là, les bouteilles au sol. Les gestes, dans l'ordre protocolaire, sont exécutés à vitesse basse, comme lorsque les pilotes positionnent leur F1 sur la grille de départ, au millimètre. Vous êtes prêt — raquette, filet, saut de carpe. L'arbitre vous fait patienter avec un *small talk* de bonne tenue. Nadal s'approche enfin pour le tirage au sort, il n'est plus avec vous, avec nous, il flotte déjà dans le combat.

Si le tennis de Federer peut être extravagant, si Novak impose son catéchisme, si Murray manipule l'échec et mat, l'approche conceptuelle de ce jeu, pour Nadal, est ascétique. Que ce soit à l'entraînement ou en match, chacune de ses frappes est objet d'une intention. Dès qu'il foule la terre, la résine ou l'herbe des courts, il livre son âme et son corps aux elfes du tennis, aborde ses matchs comme d'autres portent le cilice.

Au cœur du duel il est souvent moins survolté qu'il ne le parait, c'est un joueur qui a de la marge, il sait qu'il peut aller plus loin, plus vite, plus longtemps, et lorsque le destin l'appellera il pourra passer, le temps d'un point ou d'un jeu, de l'autre côté du mur des 100%.

Quand l'échange s'éternise, franchit la passe des dix-douze frappes, les joueurs se calcinent lentement au fil des va-et-vient, puis passent sur la réserve, la fin sera de fitness. Nadal, lorsque que paraît l'éreintement, semble se recharger d'énergie à l'effort, comme une dynamo, il est en autosuffisance, front penché sur l'ouvrage.

Que se passe-t-il dans la tête d'un joueur dont le niveau de dévouement au jeu navigue à de telles altitudes ? C'est aussi une méthode, qui l'habite de longue date, il regroupe tous ses actifs, les rend disponibles à première demande, sans lâcher un seul point il va dicter chaque instant, chacune des aventures des trois prochaines heures. C'est à la fois remarquable, unique dans un certain sens, mais aussi assez simple pour ce combattant exceptionnel, tant sa foi en lui-même, en ses immenses capacités, domine son art. Au contraire de Federer sa technique appartient au monde des vivants, on ne parle pas de magie, mais il existe quelque chose de transcendantal chez ce joueur, un sublime abandon de son âme à une seule cause.

Les gamins ne s'y sont pas trompés, depuis toujours *Rafa* est leur joueur préféré, ils l'adulent en héros victorieux, ils ont compris qu'il se déplace dans un univers connu d'eux seuls ; à leur égal, il consacre tout son être à réaliser ses rêves d'enfant, chaque heure du jour.

Dorénavant, le champion suprême fait face à ce qu'il redoutait le plus, ces quelques pages blanches sur lesquelles il lui faut écrire l'épilogue de ce roman fabuleux.

L'après n'était pas angoissant, mais le tunnel de fosses qu'il lui fallut franchir représenta le combat le plus cruel, combat contre lui-même, contre ce qui l'avait construit, abandonner l'univers de la lutte, ne pas sombrer sous la clameur de l'ultime ovation, consentir au sacrifice suprême — passage de la lumière vers l'ombre, de la victoire à l'apaisement.

LA PRESSE DU JOUR

24 août 2081

Tennis - US OPEN 2081- Tournoi du Bicentenaire
Août 24 – Nuit n°3

BRABECK, EN PATRON

BATTU PAR UN BRABECK DOMINATEUR, DURANDAL NE PARVIENT PAS À COMFIRMER SA PERFORMANCE DU LABRADOR OPEN ...ET SE PLAINT DE SA COMBINAISON.

Michael-Sven Campofioro

New York, Tennis Tower, 05h40. Une aube rouge s'installe sur les toits de la ville. 117°F (47°C) - les thermomètres s'affolent déjà, commencent leur crescendo. Les regulators organisent en cadence l'évacuation des roof-courts tandis que des nucléo-ferrys bondés s'éloignent de la Tennis Tower. (*Depuis 2069, siège de l'U.S. Tennis-Association dans le Queens, et centre sportif d'excellence : trente courts de tennis dont vingt-six semi-ouverts, superposés sur les sept derniers étages du building, et quatre à ciel ouvert en roof-court*). Dans un concert de miaulements les robots s'affairent à dissoudre les déchets de la nuit. Les ascenseurs de service à pulsion fonctionnent à plein, on descend vers la lagune les centaines de balles au rebut, les filets saturés d'eau, une tonne de boites protéiques vides, des monceaux de casques filtrants abandonnés là par le public. Les ultimes matchs se terminent à peine. Quelques joueurs s'entassent dans le dernier fusiocoptère autorisé à voler avant le couvre-feu de la journée.

À deux reprises, cette nuit, il a fallu interrompre les rencontres des roof-courts n°3 et 4, (*exposés à l'est*) pour permettre aux robots d'assécher les surfaces et de changer les filets : alerte hygrométrique de niveau 3. L'humidité était tombée du ciel comme un immense voile de poisse. Impossible de poursuivre les matchs. Rappelons-le, depuis la montée globale des eaux des années 2050, l'US Open est resté le seul tournoi des quatre Majors se déroulant à l'air libre. Bien que les trois autres aient opté pour les UMD (*Urban Microclimate Dome*), New York — *la Venise de l'East-Coast* comme on l'appelle ici — a innové, l'US Open est monté sur les toits des gratte-ciels. Ici, on tient à sa particularité, l'histoire, à New-York, a toujours été de constructions. Cependant, comme dans la majorité des tournois sur Le Pro-Tour, on ne joue que la nuit. Cette année, pour l'édition du bicentenaire, les gradins des trente courts ont été équipés du dispositif *ClimaGuard*, les courts eux-mêmes restant ouverts à l'air circulant (*protection* renforcée en tribune sur les quatre roof-courts)

Une légende new-yorkaise

L'US Open…Deux cents ans d'histoire ! Du Newport Casino de Rhodes Island (*1881-1915*) au gazon du West Side Tennis Club de Forest Hills (*1915-1977*), jusqu'à la fondation (*1978*) du compound USTA de Flushing Meadows puis, 90 ans plus tard (*2069*), la montée sur les toits de la Tennis Tower. Cette année, pour l'édition du bicentenaire, les places s'arrachent. Les sponsors ont vu grand : ils rémunèrent du triple les publispectateurs (chargés de maintenir l'ambiance) qui postulent pour les loges premium au niveau des courts. Ceux qui sont dans les hauteurs des gradins reçoivent les trente Unicoins traditionnels par match. Il semble néanmoins que le système de bonus à l'applaudimètre individuel, mis en place par certains nouveaux sponsors, permette de compenser les publispectateurs les plus mal placés.

Le défi suprême

Pour les joueurs, il s'agit de l'épreuve ultime, la plus exigeante du circuit, celle au cours de laquelle les organismes sont poussés aux limites de l'humain. Chaque nuit, un col à franchir, une montagne à vaincre, un volcan tropical suffocant. Sans rappeler, qu'à New-York, aucune des aides quantiques à la décision, notamment le QIS-7 (*Quantum Intelligence Solutions-7*), n'est autorisée. Là aussi, l'US Open a marqué sa singularité en bannissant (*on s'en souvient, lors de l'historique réunion plénière de 2068 - Voir notre archive ci-dessous du 22 mai 2068*) tout dispositif de complément tactique généré par les QIS. On joue "à l'ancienne", comme au début du siècle, qui vit tant de grands champions dominer le jeu au mérite de leur seuls talents.

Durandal sans solutions

Revenons aux évènements de la nuit. Un total de 53634 publispectateurs est monté dans les étages de la Tennis Tower, le record de la semaine. Tous les diffuseurs semblent, eux aussi, avoir fait le plein d'audience. Sur le roof-court n°1, séance ordinaire pour Angelo Brabeck. Comme il en a l'habitude, l'hispanique s'est sorti d'une mauvaise passe, cette fois-ci aux dépends de G. Durandal, qui jouait son premier match officiel depuis sa victoire à l'Open du Labrador.
À 5-2 en sa faveur dans le dernier set, lors de la pause protéique en Qool-box, le jeune espoir de la Confédération Francophone plastronne quand le médiatiste de Meetic-Qsports lui demande : « *Apparemment c'est bien parti Gilbert…vous montez en puissance… Le match vous tend les bras… Quelle va être votre*

stratégie pour le jeu suivant ? Pas trop difficiles les conditions...le vent ? », il répond : « *Je joue bien cette nuit, je vais continuer comme ça.* — avant de rajouter — *Je ne crains pas l'humidité ni la chaleur, j'ai mon Hydromulgen de chez Garnax* ». Brabeck, lui, refuse l'interview d'entre jeux que lui propose John Smirnov de GeeBio-Athletics. Mais sur son écran projeté, il n'a pas perdu un mot du *chit-chat* de Durandal. Il n'attend pas que l'UAV-pro32 (*Urban Amphibious Vehicle*) de G.I.M.-City-Marine ait terminé son publitour du court pour sortir rageusement de son Qool-box. Au programme : l'air des mauvais jours. Un détail attire tout de suite l'attention : on remarque que Brabeck tient en main sa raquette en alliage 2TR, en principe dédiée aux jeux de relance, alors que c'est à son tour de servir, et qu'il aurait dû se munir d'une SG-série-3 ou, mieux encore, de la SPAce2 en astérométal — dont le design n'est pas sans rappeler la mythique raquette T2000 du XXe siècle. Est-ce une erreur de sa part ? Ou son intention est-elle de semer la confusion chez Durandal ? Toujours est-il que l'effet est immédiat : contre toute attente Brabeck sert le plomb, cueille le francophone à froid, remporte son service, réalise le break sur le jeu suivant, puis égalise 5-5 grâce à des services à nouveau imparables – le tout avec la 2TR. De quoi désarçonner Durandal dont chacun connait le mental délicat. Ce dernier rate, ronchonne, tente des coups à la desperado. Sans succès. Il semble totalement à la dérive. La fin du match est une formalité, Brabeck l'emporte 7-5 après deux jeux blancs.

Combinaison perdante

À 5-6 Durandal essaya bien de perturber le jeu en demandant à l'arbitre, sous les sifflets (*en Audioplus*) du public, l'autorisation de rejoindre les vestiaires pour changer sa combinaison de conditionnement*, mais, comme de coutume, monsieur Gibier-Orthaz resta inflexible. «*Votre combinaison est à 3/5 d'énergie disponible. Elles ont six heures d'autonomie, vous jouez depuis deux heures et quarante-cinq minutes. C'est totalement exclu !*» lui rappela-t-il en Audio-Plus à deux reprises, tandis que Durandal, furieux, échangeait avec les premiers rangs des tribunes certains gestes que nous ne décrirons pas ici. À la fin de la rencontre, Durandal quittera le court sous les huées du public, déchirant sa combinaison d'un geste rageur... une configuration dont il est malheureusement coutumier.

Sur les autres courts

Autres faits marquants de la nuit : Dans une rencontre de 2h20, Dimitri Bringman, de la Fédération

Slave, l'a emporté en 3 sets (6-4,6-3,7-5) contre un Joao Kunster peu inspiré. Le joueur de Gran-Amazonia n'a jamais réussi à trouver le bon rythme pour relancer les incessantes attaques au filet de Bringman qui, au prochain tour, si toutefois la logique est respectée, devrait rencontrer un autre Amazonien, Rudolf Hou.

Pour l'heure tout s'arrête. Le ciel de New-York prend feu, il est temps de s'abriter.

Tous les scores de la nuit sur : *GalacSports-MeDif/USTO.earth*
m-s.c.

---

*À l'ITF, les conversations vont bon train concernant l'utilisation, sur le Pro-Tour, de ces combinaisons full-body très repandues dans les tournois, sous différentes marques et variantes. Parmi les spécialistes, il est admis qu'elles apportent — en régulant la température du corps, en équilibrant le PH et en contrôlant la sudation — une solution sérieuse aux joueurs de l'ATP Pro-Tour vis-à-vis des défis que les rigueurs du climat leur imposent. Cela étant, la dernière version intégrale GX2Int-Max de 3-StarSuperLife, qui couvre la totalité du corps à l'exception des voies olfactives et des mains – version validée par le GSC (Global Sports Council) au début de la saison 2080 – semble particulièrement avant-gardiste compte tenu des évolutions technologiques qu'elle recèle, ce qui, selon nos sources, ne manque pas de soulever de sérieuses questions d'éthique. En effet, certains ingénieurs font remarquer que le type de contention qui est appliqué au corps des sportifs l'ayant revêtue, tout comme le clima-mask FullVision5 intégré, qui permettraient l'addition de ressources QIS de dernière génération, n'ont pas été encadrées avec suffisamment de précision dans le cahier des charges émis par le GSC au cours du processus de validation des acquis. Sans mentionner l'adjonction possible, dans la trame-même de la combinaison, de fibres nucléogénératives, une option qui, selon certaines sources proches des industriels, serait en phase finale de test, et échapperait, elle aussi, aux restrictions du cahier des charges de 2080. «Ceci pourrait représenter une forme nouvelle du dopage par l'enveloppant» prétendent certaines autorités dans le paddock, prospective qui ne manquerait pas d'engendrer des débats houleux au sein des instances sportives mondiales.

L'ITF s'est saisie du dossier, et aurait d'ores et déjà décidé de le présenter devant la CAIS-SeO (Chambre Arbitrale Internationale du Sport de Semur-en-Auxois) avant la fin de l'année. m-s.c.

ARCHIVES DU MAG - Edition du 22 mai 2068

L'ATP TOUR FAIT PEAU NEUVE.
L'ATP ET L'ITF REVOLUTIONNENT LES REGLES DU TENNIS PRO-TOUR

Ryan de Mousta-Plenel

Zermatt, 22 mai 2068
L'ATP à la charge
Les lumières se sont enfin éteintes dans les couloirs du *Sports Conference Centre* de Zermatt. Après trois nuits d'intenses négociations entre l'ATP, l'ITF, et le syndicat des sponsors du Pro-Tour, un accord qualifié d'historique a été voté par la majorité du caucus.
Entrainant derrière lui la plupart des joueurs professionnels, le champion séminole Apayaka Hadjo, président de l'ATP, a mené la charge et obtenu l'abolition d'un certain nombre des règles et autorisations qui avaient été introduites lors de la dernière refonte des normes marketing et promotionnelles sur le Pro-Tour, tout comme celles concernant l'utilisation des outils QIS (*Quantum Intelligence Solutions*) que beaucoup avaient jugées trop permissives.
Voici les résultats du vote :
Sont interdits dorénavant
Durant le jeu
-Les mini-concerts live joués par des groupes musicaux (*appartenant ou non à des joueurs et/ou à leur team/entourage*).
-Les annonces ou flashs publicitaires entre deux points.
-La distribution de Qgets promotionnels aux publispectateurs des premiers rangs des tribunes,
-Faire le tour du court (joueurs et teams) en célébration (exception pour l'après match).
-Se placer sur toute partie d'un véhicule promotionnel de marque pour célébrer ou saluer.
-Danser ou chanter sur une musique produite par un DJ en tribune
Durant la pause (chgm de côté) :
-Le QTM (*Quantic-Total-Métal*), qui doit être retiré des playlists.
-La danse dans les tribunes (*démontage obligatoire des mini-pistes de danse présentes sur les tournois du Pro-Tour*),
-Les MarQetSpot (*enchères-flash de produits ou équipements durant la pause, réservées aux spectateurs en tribunes abonnés aux plateformes d'outils quantiques*)
-Les soins du visage aux joueurs (*gommage, massage anti-stress*) par une esthéticienne de marque.
-Enfin la pause elle-même est ramenée de 120 à 90 secondes.
(*Nous rappelons que dans les années 2040, le lobbying des annonceurs avait été intense pour*

installer les 120 secondes car -avaient-ils démontré études à l'appui- l'utilisation par les joueurs des QIS embarquées avait eu pour effet de rallonger la durée unitaire des jeux de 36% en moyenne, ce qui réduisait significativement le nombre d'annonces par tranche horaire.)

Autres mesures votées :

-Abandon total des ComPos (*la très critiquée Commercial-Pause*), qui autorisaient les joueurs à rejoindre leur chaise (*15 secondes max*) entre 2 points pour changer de chaussures, enfiler une montre, une casquette ou tout accessoire de marque (*une seule ComPos autorisée par jeu/joueur, sauf à 40-40 et aux points décisifs d'un jeu, set ou match*)

En effet l'ajout de cette ressource a semé la confusion et donné lieu à de multiples controverses — sur le court et au dehors — dans la mesure où la quasi-totalité des joueurs ne l'ont jamais utilisée, ce qui a engendré des conflits avec ceux des sponsors qui l'avaient incluse dans les clauses de leur contrat (*le service juridique de l'ITF se déclarant, en outre, incapable d'intervenir en l'état, car saturé de dossiers*).

-Banc des joueurs (sur le court) : abandon des moitiés de SUV ou d'UAV (*Urban Amphibious Vehicle*), et retour au Qool-box de format classique agréé ITF.

-Retour de l'arbitre en présentiel (*dans un Qool-box*), en remplacement du très controversé dispositif quantique Refer-QLeg

Sont maintenus :

-Le changement de balles chaque cinquième jeux, (*la plupart des joueurs avait demandé trois jeux*)

-La pause protéique sous sa forme actuelle (*tous les sept jeux*), mais dans des emballages neutres.

- La substitution du coach et de l'entourage technique par un dispositif QIS, mais uniquement sous la version agréé ITF *QIS-TacticH3*. Cependant, sa consultation par le joueur n'est dorénavant autorisée qu'au changements de côtés, et seulement dans son Qool-box.(voir aussi *Fin des dispositifs embarqés* ci-dessous)

-Les publitours (*max. deux tours*) par les marques de véhicules au changements de côté restent autorisés, (*sur une piste dédiée*), respectant les limites règlementaires du court et de ses abords. L'ATP a obtenu un droit de veto avant tournoi (*sans appel possible*) des publitours, au cas par cas.

-Le PromoScreen, à 40/40, est ramené à 5 secondes.

Fin des dispositifs embarqués

Les aides tactiques que les joueurs pouvaient obtenir en mobilité pendant le déroulement du jeu, par l'intermédiaire de capteurs embarqués QIS-compatibles (*tels que le tour de poignet Bio-Connect+, la puce In-Sight-T12 ou l'implant Audio-Consult-Sport3, etc.*) sont à présent interdites.

Il faut noter que les responsables de l'"USTA et l'AELTC ont annoncé, à l'issue de la réunion, qu'elles maintenaient l'exclusion totale du QIS-TacticH3 et/ou tout autre dispositif QIS durant l'US Open et les Championnats de Wimbledon, une mesure qui pourrait être adoptée par d'autres tournois majeurs.

r.m-p.

Le passé, plus ou moins fantastique, ou plus ou moins organisé après coup, agit sur le futur avec une puissance comparable à celle du présent même.

Paul VALERY
Regards sur le monde actuel

TABLE

INTRODUCTION	11
PROLOGUE	13
ARCHÉOLOGIE	17
APPAREILLAGES	31
LES ESPRITS DU JEU	49
COUPE DAVIS	83
ÉPILOGUE	85
AU NOM DES QUATRE ÉLÉMENTS, LE BIG 4	87
LA PRESSE DU JOUR, 24 AÔUT 2081	105